MW00427599

«Información y técnicas prácticas y útiles para poner en movimiento las habilidades naturales del cuerpo y trabajarlas en busca de la sanación: una contribución inigualable».
—Dr. Wayne Dyer,
autor de *There's a Spiritual Solution to Every Problem*
(*Hay una solución espiritual para cada problema*)

«El Dr. Sha es un maestro importante y un sanador maravilloso, que transmite un valioso mensaje sobre el Poder que tiene el alma de influenciar y transformar toda nuestra vida».
—Dr. Masaru Emoto,
autor de *The Hidden Messages in Water* (*Los mensajes ocultos del agua*)

«El Dr. Sha deja a nuestra disposición técnicas e ideas secretas que estuvieron disponibles en algún punto del pasado para determinados lectores únicamente. En términos simples, nos comparte técnicas e ideas que le llevaron más de treinta años de trabajo duro y mucha disciplina conseguir. Te brinda acceso exclusivo a información que, de otra manera, sería inalcanzable».
—Dr. John Gray,
autor de *Men Are from Mars, Women Are from Venus*
(*Los hombres son de Marte; las mujeres son de Venus*)

«Nosotros, la raza humana, necesitamos más personas como el Dr. Zhi Gang Sha».
—Dr. Maya Angelou,
autor de *I Know Why the Caged Bird Sings*
(*Yo sé por qué canta el pájaro enjaulado*)

«El Dr. Sha ofrece un camino claro y práctico para aprender los secretos de la autosanación».
—Marianne Williamson,
autor de *A Return to Love* (*Un regreso al amor*)

«El Canto del Tao que canta el Maestro Sha es un regalo musical. Su voz es tan pura y resonante que solo él puede hacerlo de esa manera. Cuando lo escucho cantar, es como si escuchara a Dios cantar».
—Roberta Flack,
Cantante ganadora de un premio Grammy

CAMPO DE SANACIÓN DE LA CALIGRAFÍA DEL TAO

SE TRATA DE UN SISTEMA DE INFORMACIÓN DE SEIS TÉCNICAS SAGRADAS TAO PARA EMPODERARTE Y SANAR Y TRANSFORMAR TU VIDA

DR. Y MAESTRO ZHI GANG SHA

Derechos de autor © 2020 por Heaven's Library Publication Corp.

Publicado por Heaven's Library Publication Corp.
y Waterside Productions.

Heaven's Library Publication Corp.
30 Wertheim Court, Unit 27D
Richmond Hill, ON L4B 1B9, Canadá
www.heavenslibrary.com
heavenslibrary@drsha.com

Waterside Productions
2055 Oxford Ave.
Cardiff, CA 92007
www.waterside.com

Spanish translation by Travod International Ltd.
Editado por: Adrian Jose Lopez

ISBN : 978-1-949003-74-1 impresión bajo demanda
ISBN : 978-1-949003-75-8 ebook

Diseño: Lynda Chaplin
Ilustraciones: Henderson Ong
Animaciones: Hardeep Kharbanda
Audio: Zhi Gang Sha

Índice

Lista de figuras

Cómo hacer las prácticas en este libro

E L CONTENIDO DE ESTE LIBRO se centra en la sabiduría, los conocimientos y las diversas prácticas necesarias para sanar y transformar tu salud, tus relaciones, tus finanzas y mucho más. De hecho, todos mis libros son una combinación de teoría y práctica. La práctica es imprescindible para alcanzar un estado de sanación y transformación. La sabiduría sin práctica solo es teoría. La práctica sin sabiduría podría resultar incorrecta.

En este libro, incluyo más de veinte prácticas sagradas y mantras poderosos que aprendí mediante la Fuente del Tao. Para ti, mi querido lector(a): estoy encantado por haber incluido en este libro videos animados con el fin de apoyarte en tu práctica. En cada uno de los videos, serás guiado con instrucciones claras, paso a paso, para que hagas las prácticas más importantes en este libro. Además, canto los mantras sagrados para cada práctica, de modo que puedas acompañar cada práctica con las animaciones y mi cántico.

Practica. Practica. Practica.

Experimenta la sanación.

Experimenta la transformación.

Te envío amor y bendiciones,

Dr. y Maestro Zhi Gang Sha

Accede a los videos de las prácticas

Para acceder a los videos, usa el siguiente URL o escanea el código QR con tu celular o con cualquier otro dispositivo apropiado. No se requiere una aplicación especial.

https://tchf.heavenslibrary.com

Cómo escanear un código QR con tu dispositivo Android

1. Abre la cámara en tu dispositivo.
2. Apunta hacia el código QR.
3. Sigue las instrucciones que aparecen en la pantalla.

Cómo escanear un código QR con tu dispositivo iOS

1. Abre la cámara en tu dispositivo.
2. Sujeta tu dispositivo de modo tal que el código QR aparezca en el visor de la cámara. El dispositivo reconoce el código QR y muestra una notificación.
3. Toca en la notificación para abrir el enlace asociado con el código QR.

Introducción

L A HUMANIDAD Y LA MADRE TIERRA están atravesando tiempos especiales. Muchas personas enfrentan grandes desafíos de salud, relaciones o finanzas. Están aconteciendo muchos desastres naturales de gravedad. Existen desafíos políticos y económicos alrededor del mundo. La humanidad está enfrentando desafíos en el alma, el corazón, la mente y el cuerpo.

Millones de personas están buscando soluciones para sus desafíos. Entonces, recurren a la medicina convencional, la medicina china tradicional, la medicina complementaria y alternativa, yoga, Reiki, qi gong, tai chi y más. Siguen las enseñanzas del «mindfulness», la meditación y todo tipo de caminos espirituales. Estas enseñanzas y prácticas están respaldadas por un cuerpo de investigación sobre los beneficios de cultivar la energía (qi), el «mindfulness», la meditación, la gratitud, el perdón y más. Millones de personas están buscando alcanzar un estado de sanación y transformación verdadero.

Las encuestas y estudios revelan que las personas invierten un montón de recursos—financieros, tiempo, energía—en la búsqueda de salud, bienestar, prevención de enfermedades, autosanación, un estilo de vida saludable y mucho más. Mira la figura 1, que desglosa la inversión global en salud y bienestar en el año 2017.

Las personas desean obtener paz y gozo interiores en su salud, en sus relaciones, en sus finanzas y más. ¿Cómo podemos ayudar a la humanidad a sobrellevar todos estos tipos de desafíos y alcanzar la paz y el gozo interiores? ¿Cómo puedes obtener paz y gozo interiores?

Fuente: *Instituto Global de Bienestar, Monitor de Economía del Bienestar Global, octubre de 2018*

Figura 1. Economía del bienestar global

En este tiempo especial, siento que el amor, la paz y la armonía son muy necesarias para ti, para tu familia, tu comunidad, tu ciudad y país y para la Madre Tierra.

¿Por qué las personas tienen problemas de salud? ¿Por qué las personas enfrentan desafíos en sus relaciones? ¿Por qué las personas enfrentan desafíos financieros? En palabras simples:

> **Los desafíos de salud, relaciones y finanzas se deben a estados de salud, relaciones y finanzas que no están en amor, paz y armonía.**

¿Cómo podemos traerte amor, paz y armonía para ti, para la humanidad y para la Madre Tierra? Podemos comenzar con la meditación.

La meditación puede traer paz y gozo interiores. Durante miles de años, se han desarrollado cientos de estilos de meditación. Muchas técnicas de meditación son muy poderosas; pueden transformar la salud, las relaciones o las finanzas de una persona.

En este libro, tengo el honor de integrar la sabiduría sagrada moderna y antigua con técnicas prácticas para sanar y transformar tu salud, tus relaciones, tus finanzas y más. La sabiduría y las técnicas son simples y poderosas. Podrían beneficiar rápidamente tu salud, relaciones y finanzas.

Los desafíos relacionados con la salud, las relaciones y las finanzas y cualquier aspecto de la vida portan energías bloqueadas. Los bloqueos crean un campo negativo. Sanar y transformar los desafíos permite transformar el campo negativo en un campo positivo.

En este libro, comparto seis técnicas sagradas del Poder del Tao: se trata de seis técnicas sagradas de la Fuente del Tao para crear un campo positivo de amor, paz y armonía en cuanto a salud, relaciones, finanzas y en cualquier aspecto de la vida.

La sabiduría antigua reveló una ley universal sagrada: La Ley del Shen Qi Jing. El Shen 神 incluye *el alma, el corazón y la mente*. El Qi 氣 significa *la energía*. El Jing 精 se refiere a *la materia*. La Ley del Shen Qi Jing manifiesta que todos y todo lo que existe está compuesto por shen, qi y jing; además, explica las relaciones inmutables entre shen, qi y jing. (Por motivos de simplicidad, a partir de esta instancia usaré «shen qi jing» para referirme a *shen, qi y jing*).

La famosa fórmula de Einstein, $E = mc^2$ expresa la ley física en la que masa y energía son equivalentes. Manifiesta que la energía equivalente (E) puede calcularse como la masa (M) multiplicada por la velocidad de la luz al cuadrado (C).

La Dra. Rulin Xiu y yo co-creamos la Ciencia Tao,[1] que es una ciencia de creación y de campos unificados que unifica la sabiduría científica y espiritual. Compartimos con la humanidad la gran fórmula de la unificación, donde $S + E + M = 1$. En esta fórmula, la «S» denota *shen*, la «E» significa *energía* y la «M», *materia*. «1» significa el *Campo de unidad de la Fuente del Tao*, que es el gran campo unificado.

---

[1] Consulta *Tao Science: The Science, Wisdom, and Practice of Creation and Grand Unification*, por el La Dra. Rulin Xiu y yo (Cardiff, CA/Richmond Hill, ON: Waterside Press, Heaven's Library Publication Corp., 2017)

Tao es la Fuente. La Fuente es Tao. La ciencia Tao explica que todas las enfermedades y todos los desafíos y bloqueos en cuanto a salud, relaciones, finanzas y cualquier aspecto de la vida aparecen cuando «shen qi jing» no están alineados en uno solo (S + E + M ≠ 1).

Un ser humano está hecho de «shen qi jing». Un animal está hecho de «shen qi jing». Un océano está hecho de «shen qi jing». Una montaña está hecha de «shen qi jing». Las ciudades y los países están hechos de «shen qi jing». La Madre Tierra está hecha de «shen qi jing». La Madre Tierra es un planeta. Existen innumerables planetas, estrellas, galaxias y universos. Todos ellos están hechos de «shen qi jing».

Además, la Ley del Shen Qi Jing manifiesta que:

靈到心到	ling dao xin dao	El alma llega; el corazón sigue.
心到意到	xin dao yi dao	El corazón llega; la mente sigue.
意到氣到	yi dao qi dao	La mente llega; la energía sigue.
氣到血到	qi dao xue dao	La energía llega; la materia sigue.

ling dao xin dao

«Ling 靈» significa *alma*. Tanto la ciencia cuántica como la ciencia Tao enseñan sobre información o mensajes. En mi opinión, la información en el campo científico y el alma o el espíritu en el reino espiritual son lo mismo.

«Dao 到» significa *llegar*. «Xin 心» significa *corazón*. «Ling dao xin dao» significa *el alma o la información llega; el corazón llega*. Esto nos dice que el alma es el jefe. El alma lidera al corazón. Este corazón es más que el corazón físico. Es el corazón emocional y espiritual en todos y en todo. Este corazón es el receptor de la información o el mensaje. Si el corazón de una persona está abierto solo al diez por ciento, esa persona recibirá el diez por ciento del mensaje, incluido el diez por ciento de sus beneficios. Si el corazón de una persona está abierto por completo, esa persona recibirá todos los beneficios del mensaje. Por lo tanto, abrir el corazón es sabiduría y práctica sagradas para sanar y transformar cada aspecto de la vida.

xin dao yi dao

«Yi 意» significa *conciencia*, la cual implica la conciencia superficial, la conciencia profunda, la subconsciencia, la conciencia mínima, la conciencia perceptual, la conciencia de acceso, la conciencia fenomenal y más. Desde tiempos antiguos, todos estos tipos de conciencia se han expresado como «yi». «Yi» también puede significar *pensamiento*. En tiempos modernos, conectamos la conciencia y el pensamiento —la mente— con el cerebro (nao 腦). «Xin dao yi dao», literalmente, significa *el corazón llega, la mente llega* o *el corazón llega, la mente sigue*. En otras palabras, *el corazón trasporta la información o el mensaje a la mente*. La mente es el procesador del mensaje.

yi dao qi dao

«Qi 氣» significa *energía*. «Yi dao qi dao» significa que *la mente trasporta el mensaje a la energía*. La energía es el motor.

qi dao xue dao

«Xue 血» significa *sangre*, que representa la materia. «Qi dao xue dao» significa que *la energía trasporta el mensaje a la materia*. La materia es el transformador.

Estas cuatro frases de la Ley del Shen Qi Jing —ling dao xin dao, xin dao yi dao, yi dao qi dao, qi dao xue dao— explican las relaciones entre «shen qi jing». Estas relaciones pueden ser comprendidas de la siguiente manera:

- ling (alma, espíritu, información): contenido del mensaje
- xin (corazón, núcleo de la vida): receptor del mensaje
- nao (cerebro, mente, conciencia): procesador del mensaje
- qi (energía): motor del mensaje
- jing (materia): transformador del mensaje

Sabiduría y práctica sagradas.

El alma envía el mensaje o la información al corazón, el cual lo/la entrega a la mente; esta lo/la trasporta a la energía, la que, finalmente, lo/la envía a la materia. El resultado final es una acción, un comportamiento, una palabra o un pensamiento. Después de que la materia transforma el mensaje de esta manera, el mensaje transformado (acción, comportamiento, palabra o pensamiento) es devuelto al alma. El alma entregará un mensaje nuevo. Este es el proceso sagrado en todo el ser de una persona.

La Ley de Shen Qi Jing explica el sistema de información de un ser. Como todo lo relacionado con el mundo del Yin Yang, este sistema de información puede dividirse en Yin y Yang como el sistema de información positiva y como el sistema de información negativa.

La sabiduría sagrada de este sistema de información puede explicar las siguientes situaciones:

- por qué las personas se enferman
- por qué las personas enfrentan desafíos en sus relaciones y finanzas
- por qué las personas enfrentan todo tipo de desafíos en la vida

El secreto se resume en el siguiente enunciado:

Todos los desafíos en la vida se deben al «shen qi jing» negativo; todas las condiciones de buena salud, la paz y gozo interiores y el éxito se deben al «shen qi jing» positivo.

Por lo tanto, este sistema de información también puede explicar las siguientes situaciones:

- cómo puede sanarse la enfermedad
- cómo pueden transformarse los desafíos en las relaciones y finanzas
- cómo puede superarse cualquier desafío en la vida

Sanación y transformación para toda vida, incluidas la salud, las relaciones, las finanzas y más pueden resumirse en el siguiente enunciado:

Para sanar y transformar toda vida, es necesario transformar el «shen qi jing» negativo en «shen qi jing» positivo.

La frecuencia y la vibración forman un campo. La frecuencia y la vibración del «shen qi jing» positivo forman un campo positivo. La frecuencia y la vibración del «shen qi jing» negativo forman un campo negativo.

Dado que el «shen qi jing» forma un sistema de información, la información es la clave para transformar toda vida. Transformar toda vida es crear información positiva. Entonces, seguirán el corazón positivo, la mente positiva, la energía positiva y la materia positiva.

Las seis técnicas sagradas del Poder del Tao y la sabiduría que presento en este libro crean información positiva. Trabajan conjuntamente para crear un campo positivo. Aplicar cualquiera de estas seis técnicas es poderoso. Aplicar todas las técnicas sagradas juntas es más poderoso aún. Aplicar las seis técnicas sagradas del Poder del Tao juntas podría traerte resultados que toquen tu corazón y que movilicen tus emociones con el fin de transformar tu salud, tus relaciones y finanzas más allá de tu propia comprensión.

Este libro es simple y muy práctico. Aplica la sabiduría y haz las prácticas diariamente. Practica con las animaciones a las que tienes acceso como parte de este libro y recita conmigo. Practica de cinco a diez minutos; podrías sentir la frecuencia y la vibración. Practica durante una hora por día o más; podrías recibir beneficios extraordinarios para tu salud, relaciones o finanzas.

Existe una enseñanza antigua que dice: «Si quieres saber si la pera está dulce, ¡pruébala!». Si quieres saber si estas seis técnicas sagradas del Poder del Tao y la sabiduría son poderosas, tendrás que experimentarlas tú mismo.

El Poder de la Caligrafía del Tao y otras cinco técnicas sagradas de Poder (Poder del Cuerpo, Poder del Alma, Poder del Sonido, Poder de la Mente, Poder de la Respiración) crean un campo positivo que puede servirte como sanación y transformación de toda vida.

Hace dos décadas, ofrecí el siguiente mensaje de empoderamiento para sanar a la humanidad:

Tengo el poder de sanarme y transformarme a mí mismo.
Tienes el poder de sanarte y transformarte a ti mismo.
Juntos, tenemos el poder de sanar y transformar el mundo.

Este libro comparte la sabiduría sagrada y técnicas para alcanzar un estado grandioso de sanación y transformación.

Este libro puede crear un campo «shen qi jing» desde la Fuente del Tao para sanar y transformar toda vida.

Este libro puede guiarte para transformar un campo «shen qi jing» negativo en un campo «shen qi jing» positivo, en cualquier aspecto de la vida.

Este libro puede ayudar a la humanidad y a la Madre Tierra a crear una familia mundial de amor, paz y armonía.

Practica. Practica. Practica.

Experimenta la sanación.

Experimenta la transformación.

Amo mi corazón y alma
Amo a toda la humanidad
Unamos los corazones y almas
Amor, paz y armonía
Amor, paz y armonía

Caligrafía del Tao

L A CALIGRAFÍA ES UN ARTE. La caligrafía siempre ha sido una forma artística y cultural popular a lo largo de la historia y alrededor del mundo. Casi no existe país o idioma escrito o pueblo—contemporáneo o antiguo—para el cual la caligrafía no haya sido relevante. Entre esos pueblos, podemos mencionar a los chinos, a los pueblos de Asia Oriental y de otros países del sudeste asiático, a los tibetanos, los celtas, los griegos, los persas, los escritores del latín, los alemanes, los italianos, los bengalíes y muchos más.

¿Qué es la Caligrafía del Tao?

La Caligrafía del Tao se basa en la caligrafía china. En la historia china, han existido muchos estilos de caligrafía. La Caligrafía del Tao se basa en el estilo denominado Yi Bi Zi (一筆字), que significa *un carácter por trazo*. Aprendí Yi Bi Zi de la difunta profesora, Li Qiuyun, la única portadora de linaje de Tai Shi (太師), el «maestro supremo» de la corte imperial del último emperador de China.

Yi Bi Zi es una escritura de unidad. En chino, los caracteres escritos se forman mediante el uso de dieciséis tipos básicos de trazos. Estos componentes de un carácter chino son de alguna manera análogos con respecto a las veintiséis letras del alfabeto español, a pesar de que la escritura china es logosilábica, a diferencia del español.

En la siguiente página, se muestran los dieciséis trazos básicos fundamentales en la figura 2.

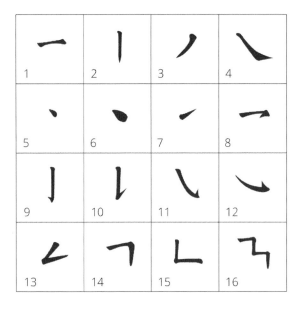

Figura 2. Dieciséis trazos básicos de los caracteres chinos

1. héng (橫, horizontal; se pronuncia *jang*)
2. shù (豎, vertical, se pronuncia *shu*)
3. piě (撇, hacia abajo y a la izquierda; se pronuncia *pie*)
4. nà (捺, hacia abajo y a la derecha; se pronuncia *na*)
5. xiǎo diǎn (小點, pequeño punto; se pronuncia *shiao dien*)
6. dà diǎn (大點, gran punto; se pronuncia *da dien*)
7. tí (提, hacia arriba; se pronuncia *ti*)
8. héng gōu (橫鉤, gancho horizontal; se pronuncia *jang gou*)
9. shù gōu (豎鉤, gancho vertical; se pronuncia *shu gou*)
10. fǎn gōu (反鉤, gancho espejo vertical; se pronuncia *fan gou*)
11. xié gōu (斜鉤, gancho inclinado; se pronuncia *shie gou*)
12. wān gōu (彎鉤, gancho curvo; se pronuncia *wan gou*)
13. zuǒ zhé (左折, giro a la izquierda; se pronuncia *zuo lle*)
14. yòu zhé (右折, giro a la derecha; se pronuncia *you lle*)
15. xià zhé (下折, giro hacia abajo; se pronuncia *shia lle*)
16. lián zhé (連折, giros múltiples; se pronuncia *lien lle*)

Déjame explicarte el Yi Bi Zi. El carácter chino «ai» (ver la figura 3) significa *amor*. En la escritura china tradicional normal,[2] este carácter se escribe con trece trazos individuales. Yi Bi Zi une estos trece componentes como un trazo continuo. Esta es una escritura de unidad.

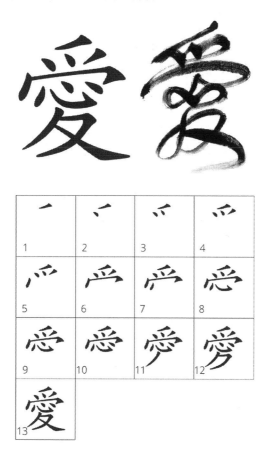

Figura 3. Carácter chino «ai» (amor): alfabeto
tradicional (izquierda) y Yi Bi Zi (derecha)

Cuando escribo una caligrafía Yi Bi Zi, me conecto con la Fuente del Tao y con sabiduría sagrada, práctica, códigos, santos, budas y más. Ellos vierten

---

[2] En oposición a la escritura china simplificada, que se diferencia del alfabeto tradicional para «ai» y para muchos otros (pero no todos) los caracteres.

el «shen qi jing» de la Fuente del Tao con las diez principales cualidades[3] de la Fuente del Tao en la caligrafía. La caligrafía Yi Bi Zi se transforma a la Caligrafía del Tao.

Poder y relevancia de la Caligrafía del Tao

Una sabiduría poderosa antigua es la siguiente:

shu neng zai dao
書能載道

«Shu» significa *caligrafía*. «Neng» significa *ser capaz*. «Zai» significa *portar*.

«Dao» significa *Fuente del Tao*. «Shu neng zai dao» significa *la caligrafía puede portar el Tao*.

La Caligrafía del Tao es escritura de unidad. En *Dao De Jing*, Lao Zi escribió:

道生一	Dao sheng yi	Tao crea el Uno
一生二	yi sheng er	El Uno crea el Dos
二生三	er sheng san	El Dos crea el Tres
三生萬物	san sheng wan wu	El Tres crea wan wu (todas las cosas)

Tao es la Fuente. «Uno» significa *hun dun yi qi*. «Hun dun» significa *borroso*. «Yi» significa *Uno*. «Qi» significa *energía*. «Hun dun yi qi» denota *la condición de unidad borrosa*.

Tao es el último Creador. Tao crea el Uno, que es «hun dun yi qi». Dentro de la condición de unidad borrosa, hay dos qi: 清氣 qing qi y 濁氣 zhuo qi. «Qing qi» significa *qi limpio* o *liviano*. «Zhuo qi» significa *qi perturbado* o *pesado*. Estos dos qi se mezclan. No se distinguen ni separan. Se trata de la condición de unidad borrosa.

El Uno crea el Dos. Esta condición de unidad borrosa persiste para los eones. Aguarda el tiempo preciso para la transformación qi. Cuando ocurre la transformación qi, el qing qi (qi limpio) se eleva y forma el Cielo y el zhuo qi (qi perturbado) baja y crea la Madre Tierra. Esta es la sabiduría de Lao Zi sobre la creación del Cielo y la Madre Tierra.

---

[3] Explicaré estas diez naturalezas grandiosas de la Fuente del Tao en el capítulo dos. Son las cualidades del «shen qi jing» más positivo.

El Dos crea el Tres. «Tres» significa *la condición de unidad borrosa más el Cielo y la Madre Tierra*.

El Tres produce wan wu. «Wan» significa *diez mil*, que representa *lo innumerable*. «Wu» significa *cosa*. «Wan wu» significa *planetas, estrellas, galaxias y universos incontables*.

Lao Zi enseña que el Tao crea el Uno, el Uno crea el Dos, el Dos crea el Tres y el Tres crea planetas, estrellas, galaxias y universos incontables. Se trata del proceso de creación normal del Tao.

La Caligrafía del Tao es escritura de unidad. Porta un campo de unidad. Cuando escribo con la Caligrafía del Tao, recibo la forma sagrada desde la Fuente del Tao para verter el «shen qi jing» de la Fuente del Tao en la caligrafía. Desde que empecé a escribir con la Caligrafía del Tao en 2013, ha creado miles de resultados que tocan el corazón y que movilizan emociones con el fin de sanar y transformar la salud, las relaciones, las finanzas y más.

¿Por qué las personas se enferman? ¿Por qué las personas enfrentan desafíos en sus relaciones? ¿Por qué las personas enfrentan desafíos financieros? ¿Por qué las personas tienen diferentes tipos de desafíos en la vida? Brindé mi punto de vista en la introducción. Me gustaría recalcarlo de nuevo. Puede resumirse en palabras simples:

Todos los desafíos de la vida, sean estos sobre salud, relaciones o finanzas, aparecen debido al «shen qi jing» negativo en alma, corazón, mente o cuerpo.

¿Por qué la Caligrafía del Tao es única y poderosa? Esta respuesta también puede resumirse en palabras simples:

La Caligrafía del Tao porta el «shen qi jing» positivo de la Fuente del Tao, que podría transformar el «shen qi jing» negativo en toda vida, incluidas la salud, las relaciones y las finanzas.

Toda vida incluye las siguientes acciones:

- aumentar la energía, la resistencia, la vitalidad y la inmunidad
- sanar y transformar los cuerpos físicos, emocionales, mentales y espirituales

- sanar y transformar todos los tipos de relaciones
- sanar y transformar las finanzas y los negocios
- abrir canales de comunicación espiritual
- aumentar el nivel de inteligencia y sabiduría
- iluminar el alma, el corazón, la mente y el cuerpo

La Caligrafía del Tao es un sistema nuevo de información positiva, que busca alcanzar la sanación y la transformación con el fin de servir a la humanidad en toda vida.

Muchas personas han experimentado resultados fenomenales al usar la Caligrafía del Tao para alcanzar la sanación y la transformación. Puedes leer varios ejemplos en el Anexo, que se encuentra en la parte final de este libro. Mi deseo es que la Caligrafía del Tao te sirva a ti, le sirva a la humanidad, a la Madre Tierra y a muchos más.

Traza, recita y escribe la Caligrafía del Tao

Como ya expliqué anteriormente, la Caligrafía del Tao transporta un campo del «shen qi jing» de la Fuente del Tao. Este campo «shen qi jing» más alto de información positiva puede transformar cualquier aspecto de la vida porque puede transformar cualquier «shen qi jing» negativo en salud, relaciones, finanzas y más.

Para recibir los beneficios de la Caligrafía del Tao, una persona debe hacer las prácticas para conectar con una Caligrafía del Tao y recibir su «shen qi jing» positivo. En el capítulo cinco de este libro, incluyo una Caligrafía del Tao como regalo; te guiaré en ese capítulo para que la uses en una práctica.

Son tres las maneras de practicar la Caligrafía del Tao: trazando, recitando y escribiendo.

Trazar

Usa una o dos de las maneras de trazar: trazado con la mano y trazado Dan.

- **Trazado con la mano.** Pon juntas las cinco yemas de los dedos de una mano. Ver la figura 4. Ahora, con esta posición de la mano para trazar con los Cinco Dedos, traza la Caligrafía del Tao de «Ai» (amor) diez veces. La Figura 5 te muestra la escritura y el trazado de este carácter Yi Bi Zi.

- **Trazado Dan (Movimiento tai chi de la Caligrafía del Tao).** «Dan 丹» significa *bola de luz*. Aquí, se refiere específicamente a una bola de luz en la parte baja del abdomen, es decir, la ubicación del Dan Tian Inferior, que es uno de los centros energéticos fundamentales del cuerpo humano. («Tian 田» significa *campo*). Un ser humano normal no tiene esta bola de luz porque esta se forma solamente a través de energía especial y prácticas espirituales. Hacer el movimiento tai chi de la Caligrafía del Tao mediante el trazado Dan es una práctica que podría formar tu Dan. Formar tu Dan implica aumentar tu energía, vitalidad, resistencia e inmunidad y aumentar el proceso de sanación y transformación de cualquier aspecto de tu vida.

Párate con los pies separados a la altura del ancho de los hombros. Dobla ligeramente las rodillas y la pelvis. Mantén la espalda recta. Deja caer los hombros y los codos. Toca suavemente la punta de la lengua con el paladar, con la barbilla metida ligeramente. Sostén ambas palmas de las manos una frente a la otra a un pie de distancia delante de la parte inferior del abdomen, como si estuvieras sosteniendo un balón de voleibol o baloncesto. Ver la figura 6.

El trazado Dan consiste en trazar con la parte baja de tu abdomen, la bola imaginaria, tu área pélvica y tu cadera.

El poder y la relevancia del trazado puede resumirse en palabras simples:

Lo que trazas es en lo que te conviertes.

Ahora voy a compartir una de las técnicas adicionales más importantes cuando haces trazado Dan de la Caligrafía del Tao. Imagina que hay una cuerda que está levantando ligeramente la parte superior de tu cabeza, mientras que, al mismo tiempo, tu coxis está cayendo ligeramente. La columna vertebral tiene una curva en S naturalmente. Esta importante visualización podría enderezar la columna vertebral y permitir que la energía fluya más libremente a través de la columna vertebral y alrededor de ella. Esto es la sabiduría sagrada y la práctica en el tai chi antiguo. También, es una clave absoluta para aprender el movimiento tai chi de la Caligrafía del Tao.

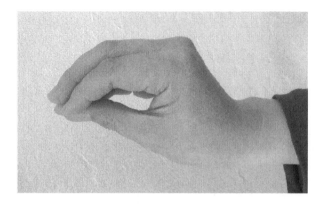

Figura 4. Posición de mano para trazar con los cinco dedos

Figura 5. El trazado de la Caligrafía del Tao de «Ai» (amor)

Figura 6. Posición de trazado Dan

¿Por qué es importante esta técnica? Existe una frase secreta sagrada antigua:

wei lü zhong zheng shen guan ding
尾閭中正神灌頂

«Wei lü» significa *coxis*. «Zhong zheng» significa *derecho*. «Shen» significa *Cielo y Tao*. «Guan ding» significa *chakra corona*[4] *y bendición*. «Wei lü zhong zheng shen guan ding» significa *la luz se vierte en tu chakra de la corona, derecho a toda la columna vertebral hasta el coxis*.

Ahora, empleando la posición de trazado Dan, traza la Caligrafía del Tao de «Ai» *(amor)* durante unos minutos. (Ver la figura 5, en la página 8). La bola imaginaria entre tus manos traza la caligrafía junto con tu Dan. Tus brazos, cadera, rodillas y piernas se mueven juntos.

Recitar

Durante miles de años, recitar ha sido una de las técnicas sagradas usadas en muchas prácticas espirituales y meditativas. El poder y la relevancia del cántico puede resumirse en palabras simples:

Lo que recitas es en lo que te conviertes.

La Caligrafía del Tao es un sistema de información positiva de la Fuente que transporta el «shen qi jing» positivo de la Fuente. En el capítulo siguiente, compartiré las diez principales cualidades de la Fuente del Tao, que son las diez principales cualidades de un ser humano.

La primera cualidad de las diez principales cualidades es Da Ai, *el amor más grande*. («Da» significa *lo más grande*; «Ai» significa *amor*). En algunas de las prácticas de este libro, practicamos recitando:

Da Ai (se pronuncia *da ai*)
Da Ai
Da Ai
Da Ai ...

---

[4] Ver el capítulo ocho para acceder a una introducción a los chakras.

El amor más grande
El amor más grande
El amor más grande
El amor más grande ...

Recitar *Da Ai* o *el amor más grande* es alinearse con el amor más grande, encarnar al amor más grande y convertirse en el amor más grande. Siempre enseño que: *El amor disuelve todos los bloqueos y transforma toda vida.*

En todas las prácticas de este libro, recitaremos este mensaje y otros mensajes positivos de la Fuente del Tao o mensajes relacionados con sanación especial, transformacional y sonidos sagrados de empoderamiento.

Escribir
Existen dos maneras de escribir la Caligrafía del Tao:

- **Escribir sobre paños para escritura de agua.** Este es el inicio básico para aprender a escribir la Caligrafía del Tao. Estos paños se usan para practicar la escritura de la Caligrafía, con un cepillo y agua en lugar de tinta. Cuando el agua se evapora, la escritura desaparece, y el paño se puede usar una y otra y otra vez. Yo mismo he creado papel de agua con contornos de varias Caligrafías Tao impresas sobre él. Ver la figura 7. Puedes escribir sobre las impresiones en el paño para escritura de agua. Estos paños para escritura de agua se usan en capacitaciones especiales para formar practicantes de la Caligrafía del Tao y maestros de la Caligrafía del Tao. La mejor manera de aprender a escribir la Caligrafía del Tao es trazar o escribir repetidamente sobre la impresión de un paño para escritura de agua docenas de veces antes de usar un cepillo, tinta y papel de caligrafía en blanco.

- **Escribe sobre papel de Caligrafía en blanco con cepillo y tinta.** Este es la manera avanzada de aprender a escribir la Caligrafía del Tao. No recomiendo que la hagas sin la capacitación especial impartida por los maestros de la Caligrafía del Tao o por mí.

El poder y la relevancia de la escritura de la Caligrafía del Tao puede resumirse en palabras simples:

Lo que escribes es en lo que te conviertes.

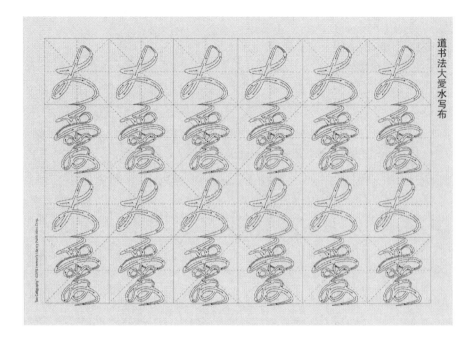

Figura 7. Paño para escritura de agua con la Caligrafía del Tao *Da Ai*

80 80 03

Puedes trazar, recitar o escribir la Caligrafía del Tao por ti mismo o con otras personas. Trazar, recitar o escribir por tu propia cuenta es autosanación y transformación. Trazar, recitar o escribir con otras personas es sanación grupal y transformación. En general, la sanación del grupo es más poderosa que la sanación personal porque el grupo (dos o más personas) se alinea y se centra en la sanación y la práctica transformacional.

Una Caligrafía del Tao personal es un campo de sanación de la Caligrafía del Tao porque transporta el «shen qi jing» positivo de la Fuente del Tao. Los campos de sanación de la Caligrafía del Tao en mis Centros Tao a nivel mundial son creados por treinta a más de cien Caligrafías Tao. Cuando trazas, recitas o escribes Caligrafías del Tao, estás conectando con el campo de sanación de la Caligrafía del Tao. Entenderás cómo hacer una conexión profunda a través de seis técnicas sagradas del Poder del Tao que aprenderás en el capítulo tres y que aplicarás en las prácticas siguientes.

Trazar, recitar y escribir la Caligrafía del Tao tiene la finalidad de conectar con un campo de sanación externo de la Caligrafía del Tao para traer el «shen qi jing» positivo de la Fuente del Tao y, así, remover o transformar tu «shen qi jing» negativo.

También es posible recibir y conectar con un campo interno de la Caligrafía del Tao.

Transmisiones del Campo de luz de la Caligrafía del Tao desde una Caligrafía del Tao

Los sanadores y maestros especialmente capacitados y certificados como maestros y grandes maestros en el campo de la sanación de la Caligrafía del Tao pueden ofrecer campos de luz del «Shen Qi Jing» del Tao desde las Caligrafías Tao hacia una persona, una mascota y más.

Por ejemplo, si sientes dolor u otras dolencias en tu espalda, un sanador o maestro del campo de sanación de la Caligrafía del Tao tiene el honor y la habilidad de transmitir un campo de luz de la espalda desde una Caligrafía del Tao. Una vez que recibes esta transmisión, este Campo de Luz de la Caligrafía del Tao se convierte en un campo de sanación *interno* de la Caligrafía del Tao para tu espalda, al cual puedes acceder y con el que puedes conectarte en cualquier lugar y en cualquier momento. La transmisión siempre permanecerá contigo.

Para recibir beneficios continuos a partir de un Campo de Luz de la Caligrafía del Tao transmitido de tu espalda, simplemente te conectas al «decir hola» (El Poder del Alma se explica en el capítulo tres) y al recitar de manera repetida:

Campo de Luz de la Caligrafía del Tao de la espalda.
Campo de Luz de la Caligrafía del Tao de la espalda.
Campo de Luz de la Caligrafía del Tao de la espalda.
Campo de Luz de la Caligrafía del Tao de la espalda. ...

He capacitado a unos treinta sanadores y maestros del campo de sanación de la Caligrafía del Tao, maestros y grandes maestros, que pueden ofrecer este servicio único de la Fuente del Tao. Muchos más están en proceso. Es muy poderoso recibir y portar uno o más de estos campos de sanación internos de la Caligrafía del Tao. Si tienes problemas de salud graves, crónicos o peligrosos para tu vida u otros tipos de desafíos, te animo enérgicamente a aprender más sobre las transmisiones del Campo de Luz de la Caligrafía del Tao de la mano de cualquiera de mis sanadores y maestros del campo de sanación de la Caligrafía del Tao.

Las diez principales cualidades de la Fuente del Tao

L A FUENTE DEL TAO me ha otorgado las diez principales cualidades. Estas cualidades se denominan Shi Da (十大). «Shi» significa *diez*. «Da» significa *lo(s) más grandioso(s)*. Shi Da significa *las diez más importantes*.

¿Cuáles son las diez principales cualidades?

Lao Zi, en su clásico de todos los tiempos *Dao De Jing*, escribió: «Hay cuatro Da en planetas, estrellas, galaxias y universos incontables». Son los siguientes:

道大	Dao da
天大	tian da
地大	di da
人大	ren da

El primero de los cuatro Da de Lao Zi es Dao da. Tao es *la Fuente*. «Dao da» significa *la Fuente es más importante*. Tao es el último Creador. Tao crea a todos y a todo. De nutre a todos y a todo. «De 德» es la *virtud del Tao*, la que se manifiesta en el *shen kou yi del Tao*. «Shen 身» significa *acciones, actividades y comportamientos*. «Kou 口» significa *discurso*. «Yi 意» significa *pensamientos*.

En pocas palabras:

Tao es la última Fuente y Forma de toda vida.
De es las acciones, las actividades y los comportamientos del Tao.

El segundo de los cuatro Da de Lao Zi es tian da. «Tian» significa *Cielo*. «Tian da» significa *El cielo es más grande*. En el concepto de Lao Zi, el Cielo incluye el sol, la luna, el sistema solar, la Osa Mayor, la Vía Láctea y el universo. El Cielo incluye sistemas solares, galaxias y universos incontables. El Cielo brilla y nutre a todos y a todo.

El tercero de los cuatro Da de Lao Zi es di da. «"Di» significa *Madre Tierra*. «Di da» significa *La Madre Tierra es la mas grande*.

La Madre Tierra tiene el corazón más grande. Los sostiene a todos y a todo (wan wu 萬物, literalmente se refiere a *diez mil cosas*, que significa *cosas innumerables* en chino).

Hay un antiguo dicho que dice:

hou de zai wu
厚德載物

«Hou» significa *grueso*, que indica *algo importante*. «De», una vez más, se refiere a *la virtud que proviene del Tao a través del shen kou yi del Tao*. «Zai» significa *portar*. «Wu» significa *cosas*. «Wan wu» incluye a todos y a todo en la Madre Tierra. «Hou de zai wu» significa *con gran virtud podemos sostener al mundo*. La Madre Tierra se eleva y nutre a wan wu. Requiere una gran virtud sostener a todos y a todo. La Madre Tierra no distingue si una persona ofrece un servicio positivo o un servicio negativo. Por lo tanto, la Madre Tierra tiene un «de» grandioso.

La Madre Tierra tiene el corazón más grande. Por lo tanto, la Madre Tierra es una de los más grandes.

El cuarto de los Da de Lao Zi es ren da. «Ren» significa *ser humano*. «Ren da» significa *el ser humano es el más grande*. Hay otro enunciado antiguo que dice lo siguiente:

ren wei wan wu zhi ling
人為萬物之靈

«Wei» significa *es*. «Zhi» actúa como un apóstrofe para denotar un posesivo. «Ling» significa *el más inteligente*. «Ren wei wan wu zhi ling» significa que *los seres humanos son los más inteligentes dentro de planetas, estrellas, galaxias y universos incontables*.

Los seres humanos crean y se manifiestan a lo largo de la historia para mejorar la vida. Los seres humanos evolucionan constantemente. Por lo tanto, los seres humanos son uno de los más grandes.

De hecho, «da 大» tiene tres significados clave:

- más grande
- incondicional
- desinteresado/a

Por lo tanto, los diez Da, Shi Da o las diez principales cualidades son, en realidad, las cualidades más grandiosas, incondicionales y desinteresadas.

Poder y relevancia de las diez principales cualidades

En dos de mis libros anteriores, *Soul Over Matter*[5] (El alma sobre la materia) y *Tao Classic of Longevity and Immortality* (El Tao clásico sobre la longevidad y la inmortalidad),[6] expliqué la sabiduría profunda sagrada de los diez Da y ofrecí prácticas detalladas para ganar los diez Da. No repetiré esas enseñanzas en este libro, pero compartiré la esencia de cada Da, cada cualidad más importante, ahora mismo.

El amor más grande—Da Ai （大愛）

Quatro frases sagradas explican Da Ai, *el amor más grande*:

yi shi Da Ai	一施大愛
wu tiao jian ai	無條件愛
rong hua zai nan	融化災難
xin qing shen ming	心清神明

Primero entrega el amor más grande, la primera de las Diez naturalezas Da del Tao.
Amor incondicional

---

[5] Dr. and Master Zhi Gang Sha and Adam Markel, *Soul Over Matter: Ancient and Modern Wisdom and Practical Techniques to Create Unlimited Abundance*, Dallas, TX/Toronto, ON: BenBella Books/Heaven's Library Publication Corp., 2017.

[6] Dr. and Master Zhi Gang Sha, *Tao Classic of Longevity and Immortality: Sacred Wisdom and Practical Techniques*, Cardiff, CA/Richmond Hill, ON: Waterside Press/Heaven's Library Publication Corp., 2019.

Disuelve todos los bloqueos.
Corazón claro; alma, corazón y mente iluminados.

Todos tienen sus propias creencias. Muchos creen en la ciencia. Muchos creen en la espiritualidad. Algunos creen en su propio camino. Independientemente de todo esto, todos necesitan el amor más grande.

Piensa en tu vida. ¿Has recibido amor de tus padres? ¿Has recibido amor de tus hijos? ¿Has recibido amor de tus parejas? ¿Has recibido amor de tus colegas? Cuando sientes amor, ¿cómo es ese sentimiento? Cuando no sientes amor, ¿cómo es ese sentimiento? Quiero compartir que el amor es la cualidad y el sentimiento que no solo necesita toda la humanidad, pero también todos los animales, la naturaleza, el medio ambiente y muchos más.

Estas cuatro frases sagradas explican muy claramente que, cuando das el amor más grande, incondicional y desinteresado a ti mismo y a los demás, podrían desaparecer todos los bloqueos de la vida, incluidos los relacionados con la salud, las relaciones, las finanzas y cada aspecto de la vida. El Da Ai puede aclarar tu corazón e iluminar tu alma, corazón, mente y cuerpo.

He puesto un *Da Ai* de la Caligrafía del Tao en la contraportada de este libro.

El perdón más grande—Da Kuan Shu（大寬恕）

Da Kuan Shu, *el perdón más grande* es la segunda de las diez naturalezas Da del Tao. El mantra sagrado de cuatro líneas Tao de Da Kuan Shu es:

er Da Kuan Shu	二大寬恕
wo yuan liang ni	我原諒你
ni yuan liang wo	你原諒我
xiang ai ping an he xie	相愛平安和諧

La segunda de las diez naturalezas Da del Tao es el perdón más grande.
Te perdono.
Me perdonas.
Amor, paz y armonía.

Los seres humanos podrían tener que enfrentar los siguientes desafíos en la vida:

- desafíos de salud, incluidos todos los tipos de dolor, infecciones, quistes, tumores, cáncer y más
- desafíos emocionales, incluidas la rabia, la depresión, la ansiedad, la preocupación, el pesar, el miedo, la culpa y más
- desafíos mentales, incluidos todos los tipos de trastornos mentales, confusión mental, mala memoria y más
- desafíos espirituales, incluida la falta de dirección para el viaje espiritual y más
- todos tipos de desafíos en cuanto a las relaciones humanas, incluidos miembros de la familia, parientes, colegas y más
- todos los tipos de desafíos financieros y empresariales

La sabiduría espiritual profunda nos enseña que todos los desafíos que debemos enfrentar se relacionan con bloqueos del alma, el corazón, la mente, la energía y la materia. Practicar el perdón podría crear una transformación asombrosa de los desafíos de cada uno de nosotros más allá de nuestra comprensión.

Piensa en tu familia. Un esposo y su esposa podrían discutir y pelear. Parejas, padres e hijos y más personas podrían discutir y pelear. ¿Cómo puedes traer amor, paz y armonía? Si una persona A y una persona B tienen problemas, ¿qué pasaría si A le ofreciera sinceras disculpas a B o si B le ofreciera sinceras disculpas a A? Las problemas podrían resolverse muy rápidamente.

Expandiendo el alcance de la sabiduría, en un ambiente de trabajo, si dos empleados tuvieran problemas entre sí, ¿qué pasaría si pudieran ofrecerse disculpas sinceras el uno al otro? Entonces, la situación podría volverse positiva.

He compartido las enseñanzas y prácticas sagradas sobre el perdón a miles de estudiantes y clientes a nivel mundial:

Te perdono.
Me perdonas.
Traer amor, paz y armonía.

Practicar el perdón podría traer resultados increíbles. Puede que las personas no comprendan que los desafíos de salud, bloqueos en las relaciones y hasta los problemas financieros están íntimamente relacionados con las emociones.

Si tienes desequilibrios emocionales, tu salud, relaciones o finanzas podrían verse profundamente afectadas. Por lo tanto, practicar el perdón con alguien con quien tienes problemas podría generar resultados verdaderamente extraordinarios.

Si sabes que tienes desafíos o problemas con alguien, practica el perdón con esa persona, de forma directa si puedes.

También, puedes hacer una práctica general de perdón para cada uno o para todos tus desafíos o problemas. Por ejemplo, si tienes dolor en la rodilla, si sufres de ansiedad, si tienes problemas financieros o si te caes ante todos los desafíos de la vida, también puedes hacer una práctica general de perdón, de la siguiente manera:

> *Queridas todas las personas y querido todo aquello con las que/lo que haya tenido cualquier tipo de conflicto, argumento o pelea relacionado con el asunto que fuere, del cual tenga yo conciencia o no: los honro. Por favor, dame permiso para hacer una práctica de perdón juntos.*

Luego, canta repetidamente:

> *Te perdono.*
> *Me perdonas.*
> *Traer amor, paz y armonía.*

Dedica de cinco a diez minutos a repetir estas tres oraciones: Podrías sentir una mejoría extraordinaria. Podrías sentir algo de mejoría. Podrías no sentir ninguna mejoría. Ya sea que sientas una mejoría extraordinaria, algo de mejoría o ninguna mejoría, sigue practicando el perdón de manera sincera tres veces por día, de cinco a diez minutos cada vez, durante unos pocos días. Luego, analiza cómo te sientes.

Es una práctica muy simple, pero es una manera muy sagrada de practicar el perdón con el fin de transformar tu salud, tus relaciones o tus desafíos financieros. Inténtalo. Experiméntalo.

El perdón es la llave dorada para desbloquear todos los desafíos de la vida. Los conflictos afloran entre miembros familiares, entre colegas, entre organizaciones, entre países. Cuando hay cualquier tipo de conflictos, argumentos, peleas y más, aplicar el perdón podría ayudarnos a transformar la condición más allá de las palabras.

La humanidad y la Madre Tierra de verdad necesitan más perdón con el fin de traer amor, paz y armonía en la salud, las relaciones, las finanzas y cada aspecto de la vida.

La compasión más grande—Da Ci Bei (大慈悲)

Da Ci Bei, *la compasión más grande*, es la tercera de las diez naturalezas Da del Tao. El mantra sagrado de cuatro líneas Tao de Da Ci Bei es:

san Da Ci Bei	三大慈悲
yuan li zeng qiang	願力增强
fu wu zhong sheng	服務眾生
gong de wu liang	功德無量

La tercera de las diez naturalezas Da del Tao es la compasión más grande.
Aumenta y fortalece la fuerza de voluntad.
Sirve a la humanidad y a todas las almas.
Gana una virtud inconmensurable.

Millones de personas honran a la Madre María y a Guan Yin, la Buda de la Compasión. Ambas son madres universales que sienten amor incondicional y compasión por toda la humanidad y por todas las almas.

La compasión más grande es la compasión más elevada e incondicional que existe. Existen muchas historias emocionantes de Guan Yin y la Madre María en las que transforman las condiciones sin esperanza y salvan vidas. Comunícate con ellas y conéctate con ellas para recibir su amor y compasión.

La luz más grande—Da Guang Ming (大光明)

Da Guang Ming, *la luz más grande*, es la cuarta de las diez naturalezas Da del Tao. El mantra sagrado de la Fuente del Tao de cuatro líneas de Da Guang Ming es:

si Da Guang Ming	四大光明
wo zai Dao guang zhong	我在道光中
Dao guang zai wo zhong	道光在我中
tong ti tou ming	通體透明

La cuarta de las diez naturalezas Da del Tao es la luz más grande y la transparencia.
Estoy dentro de la luz de la Fuente del Tao.
La luz de la Fuente del Tao está dentro de mi.
El cuerpo entero está completamente iluminado y transparente.

El Tao es la última Fuente. Si estás dentro de la luz de la Fuente del Tao y la luz de la Fuente del Tao está dentro tuyo, entonces estás en el campo de la luz de la Fuente del Tao. Esta es una práctica poderosa que va más allá para sanar y transformar cada aspecto de la vida.

Un ser humano tiene el «shen qi jing» de ser humano, que consiste en el alma, el corazón, la mente y el cuerpo de cada persona. La luz Tao tiene el «shen qi jing» de la Fuente, que es el alma, el corazón, la mente y el cuerpo de la Fuente. La luz Tao puede transformar nuestra luz humana más allá de nuestra comprensión. Por lo tanto, Da Guang Ming, la luz más grande, es una forma sagrada de sanar y transformar toda vida.

La humildad más grande—Da Qian Bei （大謙卑）

Da Qian Bei, *la humildad más grande,* es la quinta de las diez naturalezas Da del Tao. El mantra sagrado de la Fuente del Tao de Da Qian Bei tiene cinco líneas:

wu Da Qian Bei	五大謙卑
rou ruo bu zheng	柔弱不爭
chi xu jing jin	持續精進
shi qian bei	失謙卑
die wan zhang	跌萬丈

La quinta de las diez naturalezas Da del Tao es la humildad más grande.
Sé generoso y suave; no compitas ni pelees.
Mejora de manera persistente.
Perder la humildad
Fallar de manera tremenda en cada aspecto de tu vida, como si estuvieras cayendo
   dentro de una caverna profunda.

La humildad trae beneficios para la vida y previene desastres y desafíos. El ego es uno de los bloqueos más grandes en cada aspecto de la vida.

El *Dao De Jing* de Lao Zi destaca la importancia de la humildad. Quisiera compartir algunos capítulos sobre *Dao De Jing*.

El capítulo 7 de *Dao De Jing* manifiesta que:

> *El Cielo y la Madre Tierra tienen vidas largas, largas. ¿Por qué? Porque el Cielo y la Madre Tierra siguen la forma de la naturaleza y sirven incondicionalmente y de manera desinteresada. No viven para sí mismos. Por lo tanto, la persona que ha adquirido sabiduría Tao siempre deja que los demás brillen en la primera fila mientras ella permanece en la parte de atrás. De hecho, los demás respetan más a la persona que permanece detrás. Dicha persona puede dedicar su vida a servir a los demás. Entonces, esta persona puede permanecer por más tiempo. Dado que esta persona es desinteresada y no tiene ego, alcanzará naturalmente el verdadero propósito y objetivos de su vida.*

Este capítulo brinda una enseñanza poderosa sobre la sabiduría y las bendiciones de la humildad.

El capítulo 8 de *Dao De Jing* manifiesta que:

> *El Tao y de más elevados* (acciones, discurso y pensamientos del Tao) *son como el agua. El agua nutre innumerables cosas y no pelea con nadie ni con nada. El agua permanece en los lugares más bajos que a otros no les gustaría ocupar. Por lo tanto, el agua está más cerca del Tao.*

Esta es otra enseñanza de la naturaleza desinteresada de yin sobre humildad.

El capítulo 24 de *Dao De Jing* manifiesta que:

> *La persona que, por lo general, es presumida no puede brillar verdaderamente. La persona que piensa que siempre tiene la razón no puede discernir la verdad. Las personas que se admiran a sí mismas no pueden ser verdaderamente exitosas. Las personas que tienen el ego alto no pueden llegar lejos.*

Creo que el ego es el enemigo más grande para el viaje de cada persona hacia la sanación y la transformación, así también como para su viaje espiritual.

El octogésimo primer y último capítulo de *Dao De Jing* manifiesta:

Los santos no tienen un corazón para controlar a los demás; solo lo tienen para servir a los demás de manera incondicional. Como resultado, los santos florecen más. Los santos les entregan lo mejor de sí mismos a los demás. Como resultado, los santos tienen más abundancia. El Tao del Cielo es dejar que todos y que todo florezca(n) más y no dañar a nadie ni a nada. El Tao de los santos es no discutir ni pelear con los demás.

Esta enseñanza refleja la verdad de «she de 捨得», que es *dar para recibir.* Cuanto más das, más recibirás. Da y sirve de manera incondicional y desinteresada como los grandes santos, y las bendiciones ilimitadas del Cielo podrían comenzar a manifestarse en tu salud, en tus relaciones y finanzas y en cualquier aspecto de tu vida.

Las enseñanzas anteriores y la sabiduría del *Dao De Jing* de Lao Zi han destacado de manera genuina el poder y la relevancia de Da Qian Bei.

La armonía más grande—Da He Xie (大和諧)

Da He Xie, *la armonía más grande,* es la sexta de las diez naturalezas Da del Tao. Se trata de otra cualidad esencial para alcanzar el éxito verdadero en la vida de una persona. El mantra sagrado de cuatro líneas Tao de Da He Xie es:

liu Da He Xie	六大和諧
san ren tong xin	三人同心
qi li duan jin	齊力斷金
cheng gong mi jue	成功秘訣

La sexta de las diez naturalezas Da del Tao es la armonía más grande.
Tres personas unen sus corazones.
Su fuerza puede cortar el oro.
El secreto del éxito.

Para tener una familia feliz, cada miembro familiar debe ofrecer amor, cuidado y compasión. Todos deben perdonarse mutuamente y estar en armonía.

Una frase antigua manifiesta «jia he wan shi xing» (家和萬事興). «Jia» significa *familia.* «He» significa *armonía.* «Wan» significa *diez mil.* Representa una «miríada» o «innumerable» en chino. «Shi» significa *cosas.* «Xing» significa *florecimiento.* «Jia he wan shi xing» significa *en una familia armonizada, todo florece.*

Piensa en un negocio muy exitoso. Debe contar con un equipo armonizado genial. Da He Xie representa el trabajo en equipo genial. Sin Da He Xie, es imposible tener un florecimiento grandioso. Para tener la armonía más grande, una persona debe tener las otras diez naturalezas Da.

Los diez Da son las naturalezas del Tao, los budas, los santos, el Divino, la Madre Tierra y los innumerables planetas, estrellas, galaxias y universos y los seres humanos. Da He Xie es trabajo en equipo grandioso, que es la clave para alcanzar el éxito. Nos deja amarnos los unos a los otros y unir los corazones para crear un éxito más grande en cada aspecto de nuestras vidas.

El florecimiento más grande—Da Chang Sheng (大昌盛)

Da Chang Sheng, *el florecimiento más grande*, es la séptima de las diez naturalezas Da del Tao. El mantra de cuatro líneas de la Fuente del Tao del Da Chang Sheng es:

qi Da Chang Sheng	七大昌盛
Dao ci ying fu	道賜盈福
xing shan ji de	行善積德
Dao ye chang sheng	道業昌盛

La séptima de las diez naturalezas Da del Tao es el florecimiento más grande.
La Fuente del Tao otorga una gran prosperidad, suerte y éxitos.
Ofrecer el tipo de servicio que nos permite acumular virtud.
La carrera del Tao florece.

Quisiera compartir contigo una sabiduría espiritual profunda. Las raíces del florecimiento de una persona es el sistema de información positivo del «shen qi jing» positivo de una persona, que son los mensajes o la información positivos transportados por el alma, el corazón, la mente y el cuerpo de la persona, desde vidas pasadas y desde la vida actual de esa persona. Si tienes canales de comunicación espiritual abiertos, puedes ser capaz de ver algunas vidas pasadas para comprender esta verdad.

El éxito financiero se debe a los mensajes positivos del «shen qi jing» de nuestros ancestros y de ti mismo, a partir de vidas pasadas y actuales y de tu propio esfuerzo personal en la vida actual. La información o los mensajes positivos del «shen qi jing» se acumulan a través del gran servicio positivo para la humanidad, los animales, el medio ambiente y más. El servicio positivo es hacer que la humanidad, los animales y el medio ambiente sean más felices y más saludables y transformarlos de manera positiva. Estos mensajes de «shen qi jing» positivos pueden bendecir el florecimiento financiero en tu vida actual y en las vidas futuras.

Si tienes un gran florecimiento, ¡felicitaciones! Deseo que recibas más. Si no tienes un gran florecimiento, ¿cómo puedes crearlo? El secreto es fortalecer tu sistema de información positiva: acumular información o mensajes positivos de «shen qi jing» a través de shen, kou y yi (acción, discurso y pensamiento).

En el capítulo tres, explicaré en detalle las seis técnicas sagradas Tao que son el núcleo de cada práctica para alcanzar la sanación y la transformación en lo que queda de este libro. Para aplicar las seis técnicas de poder sagradas Tao, de las cuales trazar las caligrafías de la Fuente del Tao es una de ellas, debemos acumular información y mensajes positivos del «shen qi jing».

Les comparto un ejemplo: Un empresario de Los Ángeles recibió una de mis Caligrafías Tao, «Dao Ye Chang Sheng 道業昌盛», el cuarto mantra sagrado de cuatro líneas de la Fuente del Tao de florecimiento más grande. Antes de que pasaran dos años, me dijo: «Desde que recibí el 'Dao Ye Chang Sheng' [la *carrera del Tao florece*] de la Caligrafía del Tao, la he trazado mientras que recito durante unos diez minutos cada día. El dinero sigue llegando sin esfuerzo. Todo está fluyendo. Mi compañía creció: antes era una compañía de dos millones de dólares y, en solo dos años, se convirtió en una de sesenta millones de dólares. Absolutamente, le atribuyo todo al «Dao Ye Chang Sheng» de la Caligrafía del Tao y el mantra».

Dado que el «Dao Ye Chang Sheng» de la Caligrafía del Tao y el mantra portan mensajes positivos de «shen qi jing» de la Fuente del Tao, el emprendimiento de este hombre recibió enormes bendiciones a partir de estos mensajes del Tao.

La gratitud más grande—Da Gan En（大感恩）

Da Gan En, *la gratitud más grande,* es la octava de las diez naturalezas Da del Tao. El mantra sagrado de cuatro líneas Tao de Da Gan En puede transformar nuestras vidas aún más y mejorar cada aspecto de nuestras vidas:

ba Da Gan En   八大感恩
Dao sheng de yang   道生德養
zai pei ci hui   栽培賜慧
Dao en yong cun   道恩永存

La octava de las diez naturalezas Da del Tao es la gratitud más grande.
La Fuente del Tao crea todas las cosas y «de» las nutre.
La Fuente del Tao cultiva y otorga sabiduría e inteligencia.
La gloria de la Fuente del Tao debería permanecer en nuestros corazones y almas
  por siempre.

En nuestras vidas, hay muchas personas que nos han ayudado física o espiritualmente. Deberíamos demostrarles a esas personas nuestra gratitud siempre. Los padres crían a sus hijos. Los hijos deberían demostrar gratitud por sus padres. Los maestros de educación inicial, educación preescolar, educación básica, educación media y educación superior les enseñan a sus estudiantes. Los estudiantes deberían expresar gratitud hacia sus maestros.

El Divino y la Fuente del Tao han otorgado la sabiduría y las bendiciones apropiadas a cada vida física del alma y viaje espiritual. Deberíamos ser agradecidos y demostrar nuestro aprecio hacia ellos.

La gratitud es una de las naturalezas del Tao que cada ser humano y cada alma debería tener. Para alcanzar un florecimiento en nuestro estado de buena salud, felicidad, relaciones humanas y en el florecimiento de nuestras finanzas y negocios, debemos demostrarles nuestra gratitud al Divino, a la Fuente del Tao y a todas las personas que nos hayan ayudado en nuestros viajes espirituales o físicos.

El servicio más grande—Da Fu Wu（大服務）

Da Fu Wu, *el servicio más grande,* es la novena de las diez naturalezas Da del Tao. Siempre comparto con mis estudiantes y con la humanidad que el propósito de la vida es servir. Servir es hacer más felices y más saludables a los demás, así también como volverlos más exitosos en cada aspecto de sus vidas y en nuestras propias vidas.

El mantra sagrado de cuatro líneas Tao de Da Fu Wu es:

jiu Da Fu Wu   九大服務
shi wei gong pu   誓為公僕
wu si feng xian   無私奉獻
shang cheng fa men   上乘法門

La novena de las diez naturalezas Da del Tao es el servicio más grande.
Voto por ser un servidor de la humanidad y de todas las almas.
Un servicio totalmente desinteresado.
Es la manera más elevada de alcanzar la Fuente del Tao.

Quisiera compartir una historia personal de mi propio viaje espiritual. Hace muchos años, estaba en Taiwán. El Buda Shakyamuni, honrado con el título de fundador del budismo, apareció frente a mí un día durante mi meditación. Él es uno de mis padres espirituales por siempre. Le pregunté: Shi Jia Mo Ni Fo (釋迦牟尼佛, su nombre en chino); «enseñaste ochenta y cuatro mil métodos de xiu lian[7] (修煉) con el fin de alcanzar la budeidad, que es la iluminación más elevada. De estos ochenta y cuatro mil métodos de xiu lian, ¿cuál es el método más elevado?». Me respondió: «¿Cuál crees tú?». Le dije: «Yo siento que el número uno de los métodos del viaje de xiu lian es el servicio xiu lian, que significa servir a los demás, hacerlos más felices y más saludables». Él me sonrió y dijo: «No podría concordar más contigo».

El servicio tiene niveles. Puedes servir un poco, servir más o servir incondicionalmente. El servir incondicionalmente es la manera más elevada de progresar en tu viaje espiritual.

La iluminacion más grande—Da Yuan Man （大圓滿）

Da Yuan Man, *la iluminacion más grande,* es la décima de las naturalezas Da del Tao. Es la última naturaleza Tao requerida para alinearse completamente con ella y alcanzar el Tao. El mantra sagrado de cuatro líneas Tao de Da Yuan Man es:

---

[7] «Xiu» significa *purificación*. «Lian» significa *práctica*. «Xiu lian» significa *la práctica de la purificación para transformar nuestros mensajes «shen qi jing» negativos en mensajes «shen qi jing» positivos en todas las condiciones, las fáciles y las difíciles.* Por lo tanto, xiu lian es la práctica de sanar y transformar el alma, el corazón, la mente y el cuerpo de una persona. Es la práctica de servir en los viajes físicos y espirituales de una persona.

shi Da Yuan Man   十大圓滿
ling xin nao shen yuan man   靈心腦身圓滿
ren di tian Dao shen xian ti   人地天道神仙梯
fu wu xiu lian cai ke pan   服務修煉才可攀

La décima naturaleza Da del Tao es la iluminacion más grande.
Consiste en iluminar el alma, el corazón, la mente y el cuerpo.
Los niveles de los santos servidores son ren xian, di xian, tian xian y Tao xian[8]
Solo mediante el servicio a los demás se puede alcanzar la iluminacion más grande.

Existen tres creencias fundamentales en la cultura china tradicional: El budismo, el taoísmo y el confucianismo. En la filosofía china, se llaman san jiao (三教 tres doctrinas), considerados una unidad armoniosa. El logro más grande en el budismo es alcanzar la comprensión más iluminada, que es alcanzar la budeidad. El logro más grande de comprensión iluminada en el taoísmo es volverse inmortal. El logro más grande de comprensión iluminada en el confucianismo es convertirse en el santo más elevado.

Hay muchos otros sistemas de creencias espirituales, entre las cuales se incluyen el cristianismo, el islamismo, el hinduismo, el judaísmo, el sijismo, creencias indígenas y más. Por lo general, el logro más grande en cuanto a comprensión iluminada de cada uno de estos sistemas de creencias es el de alcanzar al santo más elevado en su reino.

Los santos más elevados que han alcanzado la comprensión más iluminada han removido por completo la información o los mensajes negativos del «shen qi jing» con el fin de encarnar las diez cualidades Da en cada aspecto de sus vidas y mantener estas cualidades en todos los momentos. Estas diez cualidades Da son los mensajes positivos más elevados. Forman el sistema de información positiva más elevado. Estas diez cualidades Da son la naturaleza de los budas, los inmortales y los santos más elevados.

---

[8] Ren xian, di xian, tian xian y Tao xian son los niveles ascendentes de los santos servidores. Significan el santo Humano, el santo Madre Tierra, el santo Cielo y el santo Tao, respectivamente. Un santo Humano puede armonizar y transformar la humanidad. Un santo Madre Tierra puede armonizar y transformar la Madre Tierra. Un santo Cielo puede armonizar y transformar el Cielo. Un santo Tao tiene habilidades extraordinarias de la Fuente del Tao.

Un ser humano tiene tanto información o mensajes positivos como información o mensajes negativos en su «shen qi jing». El viaje espiritual de un ser humano es el de acumular mensajes «shen qi jing» positivos y quitar los mensajes «shen qi jing» negativos. ¿De qué trata la vida? Puede resumirse en palabras simples:

La vida consiste en transformar los mensajes «shen qi jing» negativos en mensajes «shen qi jing» positivos.

¿Qué son los mensajes «shen qi jing» negativos? Los mensajes «shen qi jing» negativos son los mensajes negativos del alma, el corazón, la mente, la energía y la materia.

Los mensajes negativos del alma surgen de la información de los errores que una persona ha cometido y que los ancestros de esa persona cometieron en todas las vidas pasadas. Entre estos errores, se incluyen los asesinatos, dañar a otras personas, aprovecharse de los demás, engañar, robar y mucho más.

Entre los mensajes negativos del corazón, se incluyen tan (贪 codicia), chen (嗔 ira), chi (痴 falta de sabiduría en las acciones, las actividades, los comportamientos, el discurso y los pensamientos), man (慢 ego), yi (疑 duda), ming li (名利 deseo de fama y fortuna), el egoísmo, las impurezas y más.

Entre los mensajes negativos de la mente, se incluyen las mentalidades negativas, las creencias negativas, las actitudes negativas, el ego, las obsesiones y más.

Los mensajes negativos de la energía se ubican entre las células y los órganos en los espacios del cuerpo humano. Entre ellos, se incluyen la energía excesiva, la energía insuficiente, la energía bloqueada, la energía mal ubicada y más.

Los mensajes negativos de la materia se ubican entre las células y los órganos del cuerpo humano. Entre ellos, se incluyen crecimientos incorrectos, desalineaciones, materia insuficiente, irregularidades en el ADN o en el ARN y más.

Las relaciones humanas, las finanzas y cada aspecto de la vida también pueden portar mensajes negativos del alma, el corazón, la mente, la energía y la materia. Si enfrentas desafíos en tus relaciones humanas, finanzas o en cualquier aspecto de la vida, entonces ese aspecto tiene mensajes o información negativos del alma, el corazón, la mente, la energía o la materia.

Millones y millones de personas a lo largo de la historia han buscado y practicado la manera para alcanzar el logro más elevado en cuanto a comprensión iluminada. Millones de personas han estudiado, respetado y honrado a grandiosos budas, inmortales y los santos más elevados en todos los tipos de reinos espirituales. Deseo que más personas puedan alcanzar el logro de la comprensión iluminada o estado divino de iluminación.

Seis técnicas sagradas
del Poder del Tao

E N LA HISTORIA de la humanidad, las técnicas de la fuente del Tao han sido otorgadas a la humanidad para alcanzar la sanación y la transformación. Por ejemplo, han sido usadas durante miles de años en la energía china y en las prácticas espirituales. En este capítulo, resumo y comparto con la humanidad las seis técnicas sagradas más importantes del Poder del Tao, que son las siguientes:

- El Poder del Cuerpo
- El Poder del Alma
- El Poder de la Mente
- El Poder del Sonido
- El Poder de la Respiración
- El Poder de la Caligrafía del Tao

En los siguientes capítulos, aplicaremos estas seis técnicas sagradas del Poder del Tao en muchas prácticas para transformar toda vida.

El Poder del Cuerpo

El Poder del Cuerpo consiste en usar las posiciones de las manos y del cuerpo para purificar y remover los mensajes negativos del «shen qi jing» con el fin de sanar, aumentar la energía, rejuvenecer, prolongar la vida, transformar las relaciones y las finanzas y más.

A lo largo de la historia, la humanidad ha usado muchas posiciones diferentes de las manos y el cuerpo que portan el Poder del Cuerpo. Por ejemplo, considera los mudras que se usan en el hinduismo, el budismo, el yoga, la danza india y más. Se trata de poses o gestos simbólicos con los cuales se puede usar el cuerpo entero o solo las manos y los dedos. Muchos mudras portan un profundo significado espiritual y un gran poder y pueden verse en muchas representaciones artísticas de los grandes santos y budas en muchas tradiciones.

La esencia de la técnica simple del Poder del Cuerpo que aplicaré con mayor frecuencia en este libro se puede describir en palabras simples, de esta manera:

**Donde pones tus manos es donde
recibes la sanación y la transformación.**

El Poder del Alma

El Poder del Alma consiste en hacer una conexión de alma a alma, de corazón a corazón, al decirle *hola* a la Fuente del Tao, al Cielo, a la Madre Tierra, a la naturaleza, al sol y la luna y a los planetas, estrellas, galaxias y universos innumerables, así también como a todos los reinos de los padres y madres espirituales —los santos y los budas— en los que crees. El Poder del Alma, también, consiste en decirle *hola* a las almas internas, incluidas las almas de los sistemas de tu cuerpo, los órganos, las partes del cuerpo, las células, los espacios y más.

La práctica y la sabiduría sagradas del Poder del Alma se pueden resumir en palabras simples, de la siguiente manera:

**Con quien te conectas y lo que te conectas,
y a quien saludas y lo que saludas diciendo *hola*
es de quien y de lo que recibes sanación y bendición.**

El Poder de la Mente

El Poder de la Mente consiste en una visualización creativa. Muchos maestros han enseñado muchas técnicas grandiosas de visualización. Una de las prácticas del Poder de la Mente más poderosas es la de visualizar una luz dorada que está irradiando sobre tu cuerpo, tus relaciones o tus finanzas. Hay un dicho antiguo que dice «jin guang zhao ti, bai bing xiao chu (金光照體，百病消除)». «Jin» significa *dorada*. «Guang» significa *luz*. «Zhao» significa *brillar*. «Ti» significa *cuerpo*. «Bai» significa *cien*, que puede representar *numeroso* o *todos los tipos*. «Bing» significa *enfermedad*. «Xiao chu» significa *quitar*. Por lo tanto, «jin guang zhao ti, bai bing xiao chu» significa *la luz dorada brilla en el cuerpo, y todas las enfermedades desaparecen*.

El Poder de la Mente puede resumirse en palabras simples:

Lo que visualizas es en lo que te conviertes.

El Poder del Sonido

El Poder del Sonido es recitar o cantar mantras sagrados. Un mantra es un sonido o mensaje sanador o transformacional que debe ser recitado o cantado de manera repetida. Existen muchos mantras sagrados para alcanzar un estado de sanación y transformación. Pueden variar en longitud, desde una sílaba («Om») hasta cientos de líneas de texto con sintaxis y significado.

El Poder del sonido puede resumirse en palabras simples:

Lo que recitas es en lo que te conviertes.

El Poder de la Respiración

El Poder de la Respiración consiste en usar técnicas de respiración especiales.

Hay muchas técnicas de respiración. Se enseñan muchas de estas técnicas con el fin de aliviar el estrés, aumentar la energía o, simplemente, mejorar la función de los pulmones. La práctica del control de la respiración en el yoga, denominada pranayama, es una de las prácticas antiguas más renovadas que aún hoy se sigue usando muy comúnmente.

El Poder de la Respiración puede resumirse en palabras simples:

Se usan diferentes técnicas de respiración para desarrollar, sanar y transformar diferentes partes del cuerpo.

El Poder de la Caligrafía del Tao

Como expliqué en el capítulo uno, el Poder de la Caligrafía del Tao consiste en trazar, recitar o escribir la Caligrafía del Tao.

La Caligrafía del Tao no tiene límites. La Caligrafía del Tao porta el «shen qi jing» positivo de la Fuente del Tao, que podría transformar el «shen qi jing» negativo en toda vida, incluidas la salud, las relaciones y las finanzas.

Por lo tanto, las Caligrafías Tao pueden escribirse y ayudar a lograr estos objetivos:

- Aumentar la energía, la resistencia, la vitalidad y la inmunidad
- Sanar y transformar los cuerpos físicos, emocionales, mentales o espirituales
- Sanar y transformar todos los tipos de relaciones
- Sanar y transformar las finanzas y los negocios
- Abrir canales de comunicación espiritual
- Aumentar el nivel de inteligencia y sabiduría
- Iluminar el alma, el corazón, la mente y el cuerpo
- y mucho más

El Poder de la Caligrafía del Tao puede resumirse en palabras simples:

**Lo que trazas, recitas o escribes en
Caligrafía del Tao es en lo que te conviertes.**

Seis poderes se hacen uno

Aplicar cualquiera de las seis técnicas de poder sagradas es poderoso. Aplicar todas las técnicas de poder sagradas es extremadamente poderoso. Aplicar todas las técnicas de poder sagradas como si fuera un solo poder podría atraer aún más «shen qi jing» positivo de la Fuente del Tao más rápidamente para tu salud, tus relaciones, finanzas y para cada aspecto de tu vida.

En este libro, te voy a guiar para que aprendas a usar todas las técnicas sagradas del Poder del Tao juntas y, de esta manera, logres sanar y transformar cada aspecto de tu vida.

El perdón

El perdón es una pieza fundamental del Poder del Alma dentro de las seis técnicas sagradas del Poder del Tao. El perdón consiste en alcanzar una sanación de energía y espiritual poderosa para todos los bloqueos que tengas —físicos, emocionales, mentales y espirituales— en cuanto a salud, relaciones y finanzas. Perdona a la persona que te molesta, que te daña o que tiene un conflicto contigo. Si puedes perdonar de manera incondicional a la persona que te molestó o que te hizo daño, podrías recibir bendiciones increíbles de sanación y transformación.

¿Por qué? Las personas que te han hecho daño dejan un mensaje negativo de ese daño en tu alma, en tu corazón, en tu mente inconsciente, en tu mente consciente y en el alma, el corazón, la mente y el cuerpo de tus órganos y células. Ese mensaje negativo afectará una vibración celular, que causará una transformación entre la materia que está dentro de las células y la energía que se encuentra fuera de las células; por lo tanto, se generará un desequilibrio entre ellas. Este desequilibrio es el que origina las enfermedades. Si puedes ofrecer la bendición de perdonar de manera total e incondicional a aquellas personas que te han lastimado, una luz divina llena de amor lavará el mensaje que ese daño dejó impreso en tu alma, en tu corazón, en tu mente, en tus órganos y células; ese mensaje desaparecerá. Por esta razón, el perdón puede sanar una enfermedad existente y hasta podría evitar que aparezcan otras enfermedades.

También es vital que les pidas perdón a las personas a las que lastimaste. Cuando te perdonan esas personas a las que lastimaste o dañaste, te liberas de sus sentimientos de la ira, venganza y mucho más. La impresión del daño debe ser liberada de muchas personas para que el proceso de sanación y transformación se complete. Tanto la persona que perdona como la persona perdonada son sanadas y transformadas. Tu relación también se sana y se transforma.

Brindar el perdón incondicional es fácil de decir, pero difícil de hacer. Cuanta más capacidad tengas de perdonar de manera incondicional, mayor será la cantidad de sanación que podría ocurrir de manera inmediata. Las bendiciones de sanación potenciales son ilimitadas.

No debes, simplemente, prestar atención a mis palabras. Los beneficios físicos y emocionales del perdón ya han sido confirmados científicamente. Las investigaciones indican que el perdón reduce el estrés causado por las emociones desequilibradas de la amargura, la ira y el miedo. Tal como dijo una persona sabio una vez: «Antes de embarcar un viaje de venganza, cava dos tumbas».

Sanación y transformación con los Cinco Elementos

EN LA MEDICINA CHINA TRADICIONAL, los Cinco Elementos (wu xing 五行) es una de las teorías y prácticas más importantes. Las escuelas que enseñan medicina china tradicional ofrecen enseñanzas muy profundas sobre los Cinco Elementos.

Los Cinco Elementos es una de las mayores leyes universales. Su relevancia y poder no pueden destacarse lo suficiente.

¿Qué son los Cinco Elementos?

Los cinco elementos de la naturaleza (Madera 木, Fuego 火, Tierra 土, Metal 金, Agua 水) resumen y categorizan los órganos internos, los órganos sensoriales, los tejidos y fluidos del cuerpo, el cuerpo emocional del ser humano y mucho más. Los sistemas, órganos y células del cuerpo pueden ser categorizados todos dentro de los cinco elementos. El equilibrio de los cinco elementos es una de las claves para sanar en la medicina china tradicional. La teoría de los Cinco Elementos ha guiado a millones de personas en la historia para sanar las enfermedades y para rejuvenecer el alma, el corazón, la mente y el cuerpo.

Al expandir la sabiduría, hay planetas innumerables en el universo. Se pueden clasificar en planetas de madera, planetas de fuego, planetas de tierra, planetas de metal y planetas de agua.

Innumerables estrellas, galaxias y universos también pueden categorizarse dentro de los cinco elementos. El equilibrio de los cinco elementos es una de las claves para sanar para innumerables planetas, estrellas, galaxias y universos.

La figura 8 muestra cómo los órganos del cuerpo, los órganos sensoriales, los tejidos, los fluidos y las emociones son categorizadas por los cinco elementos.

Elemento Madera

El elemento Madera incluye el hígado, la vesícula biliar, los ojos, los tendones y las uñas en el cuerpo físico, la ira en el cuerpo emocional y más.

Elemento Fuego

El elemento Fuego incluye al corazón, el intestino delgado, la lengua y todos los vasos sanguíneos en el cuerpo físico, la ansiedad y la depresión en el cuerpo emocional y más.

Elemento	Órgano yin (zang)	Órgano yang (fu)	Tejido del cuerpo	Fluido del cuerpo	Sentido	Emoción desequilibrada	Emoción equilibrada
Madera	Hígado	Vesícula biliar	Uñas	Lágrimas	Vista	Ira	Paciencia
Fuego	Corazón	Intestino delgado	Vasos sanguíneos	Sudor	Gusto	Depresión, ansiedad, excitabilidad	Gozo
Tierra	Bazo	Estómago	Músculos	Saliva	Habla	Preocupación	Compasión
Metal	Pulmones	Intestino grueso	Piel	Moco	Olfato	Pesar y tristeza	Valor
Agua	Riñones	Vejiga	Articulaciones óseas	Orina	Audición	Miedo	Calma

Figura 8. Los Cinco Elementos en los cuerpos físicos y emocionales

Elemento Tierra

El elemento Tierra incluye el bazo, el estómago, la boca, los labios, las encías, los dientes y los músculos en el cuerpo físico, la preocupación en el cuerpo emocional y más.

Elemento Metal

El elemento Metal incluye los pulmones, el intestino grueso, la nariz y la piel en el cuerpo físico, la tristeza y el dolor en el cuerpo emocional y más.

Elemento Agua

El elemento Agua incluye los riñones, la vejiga, los oídos, los huesos y las articulaciones en el cuerpo físico, el miedo en el cuerpo emocional y más.

La figura 9 de abajo muestra categorías adicionales de los Cinco Elementos, incluso varias para el ambiente externo.

Ele-mento	Dedo	Sabor	Color	Clima	Estación	Direc-ción	Fase	Energía
Madera	Índice	Agrio	Verde	Ventoso	Primavera	Este	New Yang	Genera-tiva
Fuego	Medio	Amargo	Rojo	Caluroso	Verano	Sur	Full Yang	Expansiva
Tierra	Pulgar	Dulce	Amarillo	Húmedo	Cambio de estación	Central	Equilibrio Yin Yang	Estabiliza-dora
Metal	Anular	Umami picante	Blanco	Seco	Otoño	Oeste	New Yin	Contrac-ción
Agua	Meñique	Salado	Azul	Frío	Invierno	Norte	Full Yin	Conserva-ción

Figura 9. Los Cinco Elementos en la naturaleza y más

Poder y relevancia de los Cinco Elementos
para alcanzar la sanación y la transformación

De la misma manera en que todos los componentes de nuestro cuerpo físico están interrelacionados, así también están interrelacionados los Cinco Elementos. Los cuatro tipos de relaciones principales entre los Cinco Elementos son:

- generación
- control
- sobrecontrol
- control inverso

La relación de *generación* se puede entender como una relación de madre e hijo. La madre da a luz a su hijo y lo alimenta. La madre crea a su hijo y lo nutre. Hay cinco pares de relaciones madre e hijo dentro de los Cinco Elementos (ver la figura 10):

- La Madera genera el (es la madre del) Fuego.
- El Fuego genera la Tierra.
- La Tierra genera el Metal.
- El Metal genera el Agua.
- El Agua genera la Madera.

Estas relaciones se pueden ver en el mundo natural, en el que la madera se enciende para iniciar un fuego; el fuego produce cenizas que caen a la tierra; la tierra se puede extraer en busca de metal; el metal porta agua (como en un balde o una tubería) y las plantas crecen a partir de la lluvia de primavera.

Aplicando el concepto anterior a los órganos del cuerpo, el órgano saludable de una madre nutre al órgano del hijo. Por lo tanto, un hígado sano (elemento Madera) con alma, energía y materia en equilibrio («shen qi jing» positivo) y sin bloqueos («shen qi jing» negativo) nutrirá por completo al alma, la energía y la madre del corazón (elemento Fuego). De la misma manera, un corazón sano nutrirá al bazo (elemento Tierra); un bazo sano nutrirá a los pulmones (elemento Metal); los pulmones sanos nutrirán a los riñones (elemento Agua) y los riñones sanos nutrirán al hígado (elemento Madera).

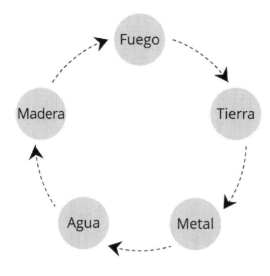

Figura 10. Relaciones generativas de los Cinco Elementos

Las relaciones de generación o madre e hijo entre los Cinco Elementos son extremadamente importantes.

La relación de *control* demuestra el orden de dominancia o control entre los Cinco Elementos (ver la figura 11):

- La Madera controla la Tierra.
- La Tierra controla el Agua.
- El Agua controla el Fuego.
- El Fuego controla el Metal.
- El Metal controla la Madera.

En el mundo natural, la madera extrae nutrientes desde la tierra, la tierra crea represas con el agua, el agua apaga el fuego, el fuego disuelve el metal y el metal pica la madera.

Las relaciones de *sobrecontrol* y de *control inverso* son relaciones desequilibradas que se pueden usar para describir y explicar las condiciones patológicas en los órganos del cuerpo. Estas relaciones y condiciones son causadas por los bloqueos del «shen qi jing» negativo.

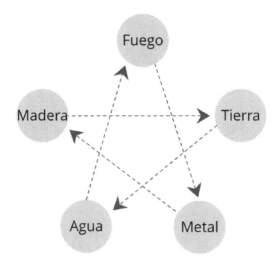

Figura 11. Las relaciones controladoras de los Cinco Elementos

La teoría de los Cinco Elementos te puede guiar para equilibrar el cuerpo físico, el cuerpo emocional, el cuerpo mental, el cuerpo espiritual, las relaciones y las finanzas. Se puede aplicar para equilibrar la naturaleza. Puede ayudar a equilibrar los innumerables planetas, estrellas, galaxias y universos.

Otra teoría importante y enseñanza central de la medicina china tradicional se denomina *zang fu* 臟腑. «Zang» significa *vísceras.* «Fu» significa *intestinos.* Zang fu incluye cinco órganos zang, seis órganos fu y órganos «extraordinarios».

Los cinco órganos zang son el hígado, el corazón, el bazo, los pulmones y los riñones. Estos son los órganos yin de los Cinco Elementos. Cinco de seis órganos fu son los órganos emparejados de los órganos zang. Estos son los órganos yang de los Cinco Elementos. (Ver la figura 8.) Por lo tanto, las cinco parejas zang-fu son:

- Elemento Madera: hígado (zang), vesícula biliar (fu)
- Elemento Fuego: corazón (zang), intestino delgado (fu)
- Elemento Tierra: bazo (zang), estómago (fu)
- Elemento Metal: pulmones (zang), intestino grueso (fu)
- Elemento Agua: riñones (zang), vejiga (fu)

El sexto órgano fu es el San Jiao 三焦. «San» significa *tres*. «Jiao» significa *quemado*. El San Jiao o Triple Quemador es el órgano fu más grande, aunque, en realidad no es un órgano. Más bien, es el espacio en el cuerpo (tres cavidades viscerales) que sostiene todos los órganos internos.

Los componentes del San Jiao son el Jiao Superior, el Jiao Medio y el Jiao Inferior. El Jiao Superior es el área del cuerpo arriba del diafragma. Sostiene el corazón y los pulmones. El Jiao Medio es el espacio en el cuerpo entre el diafragma y el nivel del ombligo. Sostiene el páncreas, el estómago y el bazo. El Jiao Inferior es el espacio en el cuerpo desde el nivel del ombligo hacia abajo hasta la parte inferior del torso y los genitales. Sostiene el intestino delgado y grueso, la vejiga, los riñones, los órganos reproductivos, los órganos sexuales y el hígado. Ver la figura 15 en la página 92.

A pesar de que el hígado se ubica físicamente en el Jiao Medio, la medicina china tradicional cree que el hígado y los riñones comparten la misma fuente y una relación cercana. La teoría de los Cinco Elementos enseña que el riñón es la madre del hígado. Por lo tanto, el hígado está incluido en el Jiao Inferior.

Entre los órganos «extraordinarios» se incluyen el cerebro, la médula ósea, los huesos y el útero.

¿Por qué incluyo la enseñanza de los Cinco Elementos en este libro? Es importante comprender que ofrecer la sanación de las seis técnicas sagradas del Poder del Tao para cualquiera de los cinco órganos principales (los órganos yin o los órganos zang) ayudará a sanar todo lo asociado con este elemento. El órgano yin es el órgano de autoridad para su elemento y, de este modo, todos los órganos, tejidos y fluidos que pertenezcan a ese elemento recibirán los beneficios de la sanación de manera simultánea. Los desequilibrios emocionales que pertenecen a ese elemento también recibirán los beneficios de la sanación simultáneamente.

Por ejemplo, el hígado es el órgano de autoridad del elemento Madera. El elemento Madera incluye la vesícula biliar, los ojos, los tendones y las uñas en el cuerpo físico y la ira en el cuerpo emocional. Cuando le ofreces una sanación a tu hígado, los otros órganos (vesícula biliar, ojos), tejidos (tendones y uñas) y el desequilibrio emocional (ira) del elemento Madera también recibirán sanación, prevención de enfermedades y rejuvenecimiento. La misma situación sucede también con cada uno de los cinco elementos.

En mi libro, *Milagros Sanadores Del Alma,*[9] expliqué la sabiduría de los Cinco Elementos en detalle. En este libro resumiré la esencia de la teoría de los Cinco Elementos en la medicina china tradicional.

Hígado

- Almacena y regula la sangre
- Regula y mantiene los flujos de qi y de la sangre
  - Regula las emociones
  - Asiste con la digestión y la absorción de los alimentos
  - Mantiene los flujos libres de qi y de la sangre
- Domina y controla los tendones y se manifiesta en las uñas
- Se abre en los ojos a través de los meridianos; específicamente, los ojos están conectados al meridiano del hígado

Corazón

- Gobierna la sangre y los vasos sanguíneos
- Se manifiesta en la cara
- Alberga la mente y se hace cargo de las actividades mentales
- Se abre en la lengua a través de los meridianos
- El sudor es el fluido del corazón

Bazo

- Absorbe, transporta, distribuye y transforma los nutrientes para nutrir todo el cuerpo, de pies a cabeza, desde la piel hasta los huesos
  - Absorbe, distribuye y transforma los nutrientes
  - Transporta y transforma los líquidos
- Controla y mantiene el flujo sanguíneo dentro de los vasos sanguíneos
- Domina los músculos y las cuatro extremidades
- Se abre en la boca a través de los meridianos y se manifiesta en los labios

---

[9] Dr. y Maestro Zhi Gang Sha, *Milagros Sanadores Del Alma: Antigua y nueva sabiduría, conocimiento y prácticas técnicas sagradas para la sanación de los cuerpos espiritual, mental, emocional y físico,* Barcelona, España: Ediciones Obelisco, 2016.

Pulmones

- Dominan el qi, incluido el qi respiratorio y el qi de todo el cuerpo
  - Controlan el qi respiratorio
  - Controlan el qi de todo el cuerpo
- Dominan, descienden y distribuyen el qi, la esencia de los alimentos y los fluidos del cuerpo a todos los sistemas, órganos y meridianos, así también como a la piel, el cabello y los músculos
- Regulan los pasajes de agua y ayudan a mantener el metabolismo normal del agua
- Se abren en la nariz a través de los meridianos

Riñones

- Almacenan el jing prenatal y posnatal (materia) y dominan el desarrollo y la reproducción
  - Esencia heredada de vida (jing prenatal)
  - Esencia desarrollada de vida (jing posnatal)
- Dominan el metabolismo del agua
- Reciben el qi
- Dominan los huesos, fabrican la médula para rellenar el cerebro y se manifiestan en el cabello
- Se abren en los oídos a través de los meridianos y dominan los orificios anteriores y posteriores

Quisiera destacar la sabiduría de las relaciones entre los órganos físicos y las emociones dentro de los cinco elementos. Como ahora sabemos, los seres humanos están compuestos por cuatro cuerpos interconectados e inseparables: el físico, el emocional, el mental y el espiritual. Un desequilibrio y enfermedad en cualquiera de los cuerpos tendrá una influencia y puede causar enfermedades en los otros cuerpos.

La conexión entre el cuerpo físico y el cuerpo emocional fue reconocida y liberada hace miles de años por los doctores de la medicina china tradicional. A partir de observaciones astutas, los sanadores chinos antiguos sabían que la enfermedad del hígado en el cuerpo físico está ligada a la ira y a la rabia en el cuerpo emocional. La conversión también es verdadera. Comprendían que la ira sin resolver en el cuerpo emocional podría causar una disfunción del hígado, lo que podría conducir a otros problemas de salud. De hecho, la sabiduría antigua manifiesta que la ira es la causa más común de cáncer.

Vínculos similares se observaron entre las otras emociones y los órganos físicos y siguen siendo válidos. Las personas con problemas del corazón son más propensas a sufrir de ansiedad, depresión, excitación y extremos de gozo en el cuerpo emocional. Por el contrario, la ansiedad de largo plazo, la depresión y sentir mucha excitación o mucha felicidad junta puede desencadenar problemas de corazón. Los problemas del bazo y del estómago causan preocupación, por lo general, mientras que demasiada preocupación puede generar problemas en el bazo y el estómago.

La interconexión de los cuerpos emocionales y físicos se extiende a las emociones de pesar y miedo. Si tienes una enfermedad pulmonar, eres más susceptible a la tristeza y el pesar, y viceversa. Los problemas de riñones están conectados con el miedo en el cuerpo emocional. Esto se evidencia cuando la liberación involuntaria de orina es una reacción común a un susto repentino.

Analicemos un poco más profundamente la conexión que existe entre la ira en el cuerpo emocional y el hígado. Las personas que tienen una condición del hígado como hepatitis, cirrosis o un tumor o cáncer de hígado son personas que se trastornan fácilmente, por lo general. La conversión también es verdadera. Si a menudo sientes ira y te enfureces con la menor provocación, tu ira constante lastima tu hígado al bloquear su energía.

Piensa en la última vez que discutiste muy acaloradamente con un miembro de la familia o un colega—o con un extraño—y perdiste los estribos. Independientemente de lo que te haya molestado, probablemente también perdiste el apetito en ese momento. Todos han tenido sus propias experiencias. Cuando te molestas, la ira estimula las células del hígado y las hace hiperactivas. Como resultado, el hígado irradia más energía de lo habitual, ejerciendo presión sobre el estómago, lo que hace que pierdas el apetito. La pérdida de apetito es solo uno de los síntomas tempranos del estrés del hígado causado por la ira. Entre otras manifestaciones, se pueden incluir la digestión, la enfermedad del hígado y el cáncer.

La ira de largo plazo, como mantener un rencor perpetuo o explotar de ira regularmente, hace que el hígado irradie energía extra constantemente. Si los tejidos y los órganos circundantes no pueden disipar esta energía en exceso lo suficientemente rápido, un bloqueo de energía puede formarse en el hígado y alrededor de este. Con el paso del tiempo, el bloqueo causará disfunción del hígado, enfermedad del hígado u otras complicaciones, como el cáncer.

ಔ ಖ ಞ

Los Cinco Elementos es una ley universal. La teoría y la práctica de los Cinco Elementos aplican a un ser humano. Aplican a la Madre Tierra. Aplican a innumerables planetas, estrellas, galaxias y universos.

Los Cinco Elementos es uno de los principios de sanación y sabiduría más importantes en la medicina china tradicional. La sabiduría es muy profunda. Hay flexibilidad y creatividad dentro de los Cinco Elementos. Querido lector(a): puedes alcanzar la sabiduría y los beneficios más profundos si te unes a mí en el próximo capítulo para aplicar los Cinco Elementos y, de este modo, sanar y transformar tu vida.

Aplica seis técnicas sagradas del Poder del Tao para sanar los Cinco Elementos del cuerpo físico y del cuerpo emocional

CADA SER HUMANO TIENE cinco elementos. Cada animal tiene cinco elementos. Todos los innumerables planetas, estrellas, galaxias y universos tienen cinco elementos. Equilibrar los cinco elementos es sanar y transformar.

Desde épocas antiguas, se han usado comúnmente las tres técnicas sagradas para la sanación y la transformación en muchas culturas y tradiciones. En chino, se denominan de las siguientes maneras:

- shen mi 身密, que significa *secreto del cuerpo*
- kou mi 口密, que significa *secreto de la boca*
- yi mi 意密, que significa *secreto del pensamiento*

En este libro, shen mi es el Poder del Cuerpo, kou mi es el Poder del Sonido y yi mi es el Poder de la Mente. He compartido tres técnicas de poder sagradas adicionales, que son el Poder del Alma, el Poder de la Respiración y el Poder de la Caligrafía del Tao.

Una vez más, destaco que aplicar cualquiera de las seis técnicas de poder sagradas es poderoso. Aplicar las tres técnicas de poder tradicionales (Poder del Cuerpo, Poder del Sonido, Poder de la Mente) juntas es más poderoso.

Aplicar todas las técnicas sagradas del Poder del Tao juntas es extremadamente poderoso.

Puedes practicar de cinco a diez minutos cada vez. Puedes practicar por treinta minutos, una hora o más tiempo. No hay límite de tiempo. Cuanto más tiempo practiques, más beneficios recibirás. Deseo que tú y cada uno de los lectores apliquen y practiquen de manera dedicada con las seis técnicas sagradas del Poder del Tao juntas para sanar y transformar cada aspecto de tu vida, incluida la salud, las relaciones, las finanzas y más.

Apliquemos las seis técnicas sagradas del Poder del Tao juntas para sanar y transformar los cinco elementos de los cuerpos físicos y emocionales.

Elemento Madera

Aplica las seis técnicas sagradas del Poder del Tao para sanar el elemento Madera, incluido el hígado (el órgano zang del elemento Madera), la vesícula biliar (el órgano fu del elemento Madera), los ojos (el órgano sensorial), los tendones y las uñas (los tejidos del cuerpo) y la ira (la emoción desequilibrada).

El Poder del Cuerpo. Coloca la palma de una mano sobre el hígado. Coloca la palma de la otra mano en la parte baja del abdomen, por debajo del ombligo.

El Poder del Alma. Saluda diciendo *hola* a las almas internas:[10]

> *Querida alma, corazón, mente, cuerpo de mi hígado, vejiga, ojos, tendones,*
> *uñas y el cuerpo emocional del elemento Madera:*
> *Los amo, los honro, los aprecio.*
> *Tienen el poder de sanar y rejuvenecer mi hígado, vesícula biliar, ojos,*
> *tendones y uñas y de sanar y prevenir la ira.*
> *Hagan un buen trabajo.*
> *Gracias.*

---

[10] Tus almas internas son las almas de tu propio shen qi jing (alma, corazón, mente, energía, materia). Incluyen tu «alma del cuerpo» (tu alma principal), las almas de tus sistemas, órganos, tejidos y células, las almas de los espacios y canales en tu cuerpo y más.

Saluda diciendo *hola* a las almas externas:[11]

Querida Fuente del Tao y Querido Divino:
Queridos budas y santos (puedes mencionar los seres celestiales o padres
y madres espirituales en los que crees):
Querido Cielo, querida Madre Tierra e innumerables planetas, estrellas,
galaxias y universos:
Los amo, los honro, los aprecio.
Por favor, perdonen a mis ancestros y a mí por todos los errores que hemos
cometido en todas nuestras vidas, en relación con el hígado, la vesícula
biliar, los ojos, los tendones, las uñas y la ira.
Lamento sinceramente todos estos errores.
Me disculpo desde el fondo de mi corazón con todas las almas a las que mis
ancestros y yo lastimamos o dañamos en estas maneras.
Para ser perdonado, les serviré de manera incondicional.
Recitar y meditar es servir.
Voy a recitar y meditar lo más que pueda.
Voy a ofrecer un servicio incondicional lo más que pueda.
Perdono de manera incondicional a toda persona que me haya lastimado o
dañado a mí o a mis ancestros en todas las vidas.
Estoy extremadamente agradecido.
Gracias.

El Poder de la Mente. Visualiza una luz dorada brillando en el hígado y alrededor de este. Esta es la visualización básica que puedes usar siempre para sanar y transformar el hígado y todo el elemento Madera. Cuando avancemos hacia el Poder del Sonido, agregaremos más componentes para incrementar el poder de la visualización.

El Poder de la Respiración. Cuando inhalas, permites que tu abdomen se expanda. Cuando exhalas, contraes tu abdomen. Asegúrate de inhalar y exhalar de manera suave, uniforme y natural. La duración y profundidad de cada respiración—inhalación y exhalación—depende de tu condición personal. Podría ser diferente para diferentes personas. Sigue el camino de la

---

[11] Las almas externas son almas incontables que están fuera de tu propio «shen qi jing». En general, saludamos diciendo *hola* a los líderes del Cielo (la Fuente del Tao y el Divino/Dios) y a los santos del Cielo (en quien sea que creas), a la Madre Tierra, el sol, la luna y a los innumerables planetas, estrellas, galaxias y universos.

naturaleza. Mientras sigas practicando de esta manera, la duración y la profundidad de tus respiraciones aumentarán, poco a poco.

Destaco de nuevo que el principio clave es el *de seguir el camino de la naturaleza*. Recuerda no prolongar nunca tus respiraciones de manera deliberada. Tus respiraciones se prolongarán naturalmente entre más practiques.

El Poder del Sonido. Mientras recitamos, combinamos el Poder del Sonido con el Poder de la Respiración y una visualización más refinada del Poder de la Mente. Para esto y las otras prácticas en este capítulo, mira las animaciones que han sido creadas para ti con mi cántico.

Paso 1

a. Inhala. Visualiza la luz dorada saliendo de tu nariz, proyectándose hacia abajo, hacia el centro de tu cuerpo, hasta la parte inferior de tu torso, de donde sale una bola en tu primer chakra de energía[12] (primera Casa del Alma).

b. Exhala. Recite «Xu» (se pronuncia *shu*), el sonido sagrado para el elemento Madera. Al mismo tiempo, visualiza la bola de luz dorada rotando desde la primera Casa del Alma hasta el hígado, donde explota y libera una radiación en todas las direcciones desde el hígado.

c. Repite los pasos 1a y 1b para un total de siete veces.

Paso 2

a. Inhala. Visualiza la luz dorada saliendo de tu nariz, proyectándose hacia abajo, hacia el centro de tu cuerpo, hasta la parte inferior de tu torso, de donde sale una bola en tu primer chakra de energía (primera Casa del Alma).

---

[12] Un espacio del tamaño de un puño reposa en la parte inferior de tu torso. Es un centro energético espiritual que se denomina chakra de raíz en enseñanzas antiguas de los vedas y el hinduismo. Es el primero de siete chakras de energía principal que enseño y es, también, la casa para el alma en el cuerpo de una persona. Aprenderás sobre el poder y la relevancia de los chakras/las Casas del Alma en el capítulo ocho, así también como la gran importancia de alcanzar la sanación y la transformación. Ver la figura 14 en la página 90.

b. Exhala. Recite «Xu Xu Xu». Al mismo tiempo, visualiza la bola de luz dorada rotando desde la primera Casa del Alma hasta el hígado, donde rota, explota y libera una radiación en todas las direcciones.

c. Repite los pasos 2a y 2b para un total de cuatro veces.

Paso 3

a. Inhala. La misma visualización que en los pasos 1a y 2a.

b. Exhala. Recite:

Xu Ya (se pronuncia *shu ya*)
Xu Ya Xu Ya You (se pronuncia *shu ya shu ya you*)
Xu Ya Xu Ya You
Xu Ya Xu Ya Xu Ya You
Xu Ya Xu Ya Xu Ya Xu Ya You

Mientras recitamos estas cinco líneas, inhala rápidamente después de cada línea y visualiza la bola de luz dorada que rota, de la siguiente manera:

Cuando recitas la línea 1, la bola de luz dorada rota desde el primer chakra de energía (la Casa del Alma) hasta el hígado, luego hasta el Kun Gong,[13] y regresa de nuevo hasta la primera Casa del Alma.

Cuando recitas desde las líneas 2 hasta la 5, la bola de luz dorada rota hacia arriba desde el primer chakra de energía (Casa del Alma) hasta el hígado, luego hasta el Kun Gong y regresa de nuevo hasta el chakra raíz. Cuando recitas «You» en estas líneas, visualiza la bola de luz dorada haciendo un círculo. Entra en la médula espinal a través de un orificio invisible en frente del coxis, luego fluye por la médula espinal hacia el área occipital; finalmente, entra y atraviesa el cerebro hasta el chakra de la

---

[13] «Kun» es el nombre de uno de los hexagramas en *Yi Jing* (*I Ching*). «Gong» significa *templo*. El Kun Gong es un espacio en el cuerpo que se ubica detrás del ombligo. El Kun Gong es muy significativo para qi, para iluminar el cuerpo, para el viaje espiritual avanzado y mucho más. Lee mi libro, *Tao II: The Way of Healing, Rejuvenation, Longevity, and Immortality* (New York/Toronto: Atria Books/Heaven's Library Publication Corp., 2010), para obtener más enseñanzas acerca del Kun Gong. El Kun Gong es más importante para la vida diaria porque es el lugar que sostiene la «lámpara de aceite» que sostiene y alimenta a toda vida física.

corona (séptima Casa del Alma) sobre la cabeza. A partir de allí, vuelve a descender dentro de tu cavidad nasal hasta el paladar, y luego baja a través de los chakras quinto, cuarto, tercero y segundo (Casas del Alma) de regreso al chakra raíz (primera Casa del Alma). Ver la figura 14 en la página 90.

c. Repite los pasos 3a y 3b para un total de cuatro veces.

Puedes recitar fuerte o silenciosamente. Lo mejor es que hagas los cánticos Yin y Yang cada vez que practiques.

El Poder de la Caligrafía del Tao. La Caligrafía del Tao transporta el «shen qi jing» del Tao, que es el alma, el corazón, la mente, la energía y la materia de la Fuente del Tao. Este sistema de información de la Fuente del Tao del «shen qi jing» positivo puede transformar el «shen qi jing» negativo del elemento Madera y todos los aspectos de la vida. Incluyo la Caligrafía del Tao en este libro específicamente con el fin de apoyar la sanación y la transformación de tu elemento Madera.

Cierra. Finaliza tu sesión de práctica para alcanzar la sanación, la bendición, el rejuvenecimiento y la transformación mientras dices estas palabras:

Hao. Hao. Hao. (Chino mandarín para *bueno, perfecto, saludable*; se pronuncia *jau*)
Gracias. Gracias. Gracias. (Dedicado a todas las almas que apoyaron tu práctica)

La Caligrafía del Tao *Xu* (figura 12) lleva el «shen qi jing» positivo de la Fuente del Tao para sanar y transformar el «shen qi jing» negativo en el elemento Madera, incluido el hígado, la vesícula biliar, los ojos, los tendones, las uñas y la sanación y prevención de la ira.

Como mencioné en el capítulo uno, puedes aplicar la Caligrafía del Tao de tres maneras principales: trazar, recitar y escribir.

1. Trazar la Caligrafía del Tao
Existen conexiones sagradas entre los cinco dedos y los cinco elementos a través de los canales energéticos.

El dedo índice se conecta con el elemento Madera, lo que incluye el hígado, la vesícula biliar, los ojos, los tendones y las uñas en el cuerpo físico y la ira en el cuerpo emocional y más.

El dedo medio se conecta con el elemento Fuego, que incluye el corazón, el intestino delgado, los vasos sanguíneos, la lengua, la depresión y la ansiedad en el cuerpo emocional y más.

El dedo anular se conecta con el elemento Metal, que incluye los pulmones, el intestino grueso, la piel, la nariz, la tristeza y el pesar en el cuerpo emocional y más.

El dedo meñique se conecta con el elemento Agua, que incluye los riñones, la vejiga, los huesos y las articulaciones, los oídos, el miedo en el cuerpo emocional y más.

El pulgar se conecta con el elemento Tierra, que incluye el bazo, el estómago, los músculos, la boca, los labios, las encías, los dientes, la preocupación en el cuerpo emocional y más.

Todas estas conexiones se manifiestan a través de los meridianos. Los meridianos son las vías de la energía. Por lo tanto, cuando trazas la caligrafía de la Fuente del Tao *Xu* con la punta de tus dedos (ver la figura 4 en la página 8) o tu Dan (ver la figura 6 en la página 9), el campo positivo «shen qi jing» de la Fuente del Tao vendrá a tu elemento Madera para alcanzar la sanación y la transformación. Observa el trazado de la Caligrafía del Tao *Xu* que se muestra en la figura 13.

Una vez más, destaco lo siguiente:

**Trazar la Caligrafía del Tao es recibir el «shen qi jing»
positivo en la Caligrafía del Tao para sanar y
transformar el «shen qi jing» negativo en tu cuerpo.**

El «shen qi jing» positivo transportado por la Caligrafía del Tao crea un campo de sanación de la Caligrafía del Tao. Trazar con una Caligrafía del Tao es conectar con su campo. *Lo que trazas es en lo que te conviertes.*

Figura 12. Caligrafía del Tao *Xu*, el sonido sagrado del elemento Madera

Figura 13. El trazado de la Caligrafía del Tao «Xu»

2. Recitar el sonido sagrado de la Caligrafía del Tao

Recitar el sonido sagrado es encarnar el «shen qi jing» positivo que porta la Caligrafía del Tao. Recitar una Caligrafía del Tao es, también, conectar con su campo. *Lo que recitas es en lo que te conviertes.*

3. Escribir la Caligrafía del Tao

Puedes usar un cepillo para escribir la Caligrafía del Tao o puedes usar cualquier bolígrafo para escribir la Caligrafía del Tao. Mis maestros de la Caligrafía del Tao entrenados y certificados y yo ofrecemos un programa de capacitación especial para enseñarte cómo usar un cepillo para escribir una caligrafía formal Yi Bi Zi. Escribir la Caligrafía del Tao es una de las maneras más poderosas de conectar con el campo de sanación de la Caligrafía del Tao. *Lo que escribes es en lo que te conviertes.*

Cuando trazas o escribes una Caligrafía del Tao, el trazado o la escritura se convierte en tu Poder del Cuerpo. (Nos vamos a concentrar en el trazado). Puede ser difícil aplicar técnicas sagradas múltiples del Poder del Tao de manera simultánea cuando estás aplicando el poder de la Caligrafía del Tao mediante el trazado. Relájate. Simplemente haz lo que puedes hacer. Por ejemplo, puedes trazar mientras recites solamente (el Poder del Sonido). Puedes trazar y, simplemente, escuchar mi cántico en los videos a los que tienes acceso. (Ver página xi). Puedes, incluso, aplicar *solo* la Caligrafía del Tao mediante el trazado después de que hayas hecho el resto de la práctica. Una vez que hayas realizado la invocación de «decir *hola*» del Poder del Alma, cualquiera de las otras técnicas sagradas del Poder del Tao en la práctica respaldará la sanación y la transformación solicitada, ya sea aplicada sola o en cualquier combinación.

Práctica alternativa del par Yin Yang

Quisiera compartir otro secreto sobre aplicar las seis técnicas sagradas del Poder del Tao. Vivimos en el mundo del Yin Yang. Vivimos entre el Cielo y la Madre Tierra. El Cielo pertenece al Yang. La Madre Tierra pertenece al Yin.

Para el Cielo, la Madre Tierra y el ser humano, el Yin Yang es la ley y principio espiritual número uno. Todos y todo puede dividirse en aspectos de Yin Yang. Las seis técnicas sagradas del Poder del Tao se dividen en aspectos del Yin Yang.

Colocar una palma sobre el hígado y colocar la otra palma en la parte inferior del abdomen nos hace dar cuenta de que hay un par Yin Yang dentro del Poder del Cuerpo.

Recitar *xu* fuerte y recitar *xu* en silencio forma un par Yin Yang dentro del Poder del Sonido.

Concentrar tu mente en el hígado y enfocarte en todo el cuerpo son un par Yin Yang dentro del Poder de la Mente.

Invocar almas externas (Fuente del Tao, la naturaleza, innumerables planetas, estrellas, galaxias y universos, Divino, Cielo, todo tipo de santos y budas) e invocar almas internas (tu propio «shen qi jing» del cuerpo, sistemas, órganos, células, espacios) para bendecir tu hígado y tu cuerpo son un par Yin Yang dentro del Poder del Alma.

Inhalar y exhalar son un par Yin Yang dentro del Poder de la Respiración.

Recitar y trazar *Xu* de la Caligrafía del Tao para bendecir, sanar y rejuvenecer tu hígado es un par Yin Yang dentro del Poder de la Caligrafía del Tao.

¿Por qué la práctica alternativa del par Yin Yang es sagrada y vital? Puede resumirse en palabras simples:

La práctica alternativa del par se aplica para equilibrar el Yin y Yang y aunarlos con el fin de sanar y transformar.

Yin Yang es una ley universal. Aunar el Yin y Yang podría ofrecer el máximo estado de sanación y transformación.

Cómo encontrar otras Caligrafías Tao con el fin de aplicar el Poder de la Caligrafía del Tao

En este libro, incluyo el *Xu* de la Caligrafía del Tao como un regalo. Como ya aprendiste, Xu es el sonido sagrado para sanar y transformar el elemento Madera, de modo que esta Caligrafía del Tao sirve a tu elemento Madera, principalmente.

Entonces, ¿cómo puedes aplicar el poder de la Caligrafía del Tao en las prácticas en el resto de este capítulo (para los otros cuatro elementos) y, de hecho, en el resto de este libro (para el cuerpo mental, el cuerpo espiritual, los siete chakras de energía, las relaciones, las finanzas y más)?

Cada uno de mis libros publicados desde el año 2013, incluye, al menos, una Caligrafía del Tao. Recomiendo usar el *Da Ai* de la Caligrafía del Tao (el amor más grande) en mi libro epónimo del 2017[14] o el *Da Kuan Shu* de la Caligrafía del Tao (el perdón más grande) en mi libro epónimo del 2019.[15]

---

[14] Dr. and Master Zhi Gang Sha, Master Maya Mackie, and Master Francisco Quintero, *Greatest Love: Unblock Your Life in 30 Minutes a Day with the Power of Unconditional Love*, Dallas, TX/Richmond Hill, ON: BenBella Books/Heaven's Library Publication Corp., 2017.

[15] Dr. and Master Zhi Gang Sha, Master Cynthia Deveraux, and Master David Lusch, *Greatest Forgiveness: Bring Joy and Peace to Your Life with the Power of Unconditional Forgiveness*, Dallas, TX/Richmond Hill, ON: BenBella Books/Heaven's Library Publication Corp., 2019.

Estos libros tienen muchas prácticas más que pueden beneficiarte; son libros de bolsillo, por lo que son fáciles de portar.

También puedes comprar cartas laminadas (4 x 6 pulgadas o más pequeñas) de varias de mis Caligrafías Tao, incluidas todas las diez naturalezas Da del Tao y *Xiang Ai Ping An He Xie* (amor, paz, armonía).

Si no puedes usar las opciones anteriores, puedes trazar la reproducción del *Da Ai* de la Caligrafía del Tao en la contraportada de este libro.

La mejor manera de practicar es practicar en uno de mis Centros Tao del Maestro Sha. Cuentan con los campos de sanación de la Caligrafía del Tao más poderosos creados por treinta a más de cien de mis Caligrafías del Tao originales, que incluyen todo tipo de órganos, partes del cuerpo, tejidos corporales, desequilibrios emocionales, las diez cualidades Da, centros energéticos, otros espacios importantes en el cuerpo y más. En los primeros días del 2020, creé diez centros como estos, y están ubicados a nivel mundial. Están en las siguientes ubicaciones:

- Toronto, Ontario
- Honolulu, Hawái
- San Francisco, California
- Vancouver, Columbia Británica
- Londres, Inglaterra
- Amersfoort, Países Bajos
- Amberes, Bélgica
- Sídney, Australia
- Burdeos, Francia
- Martinica

Únete a cualquier sesión dirigida por uno de mis Grandes Maestros del Tao Chang o Maestros Sanadores y Maestros para acceder a los sistemas de información más elevados y más positivos de los campos de sanación de la Caligrafía del Tao. Muchas clases y sesiones de práctica están disponibles de manera remota por transmisión web en vivo, para que puedas encontrar sesiones que sean convenientes para ti.

Elemento Fuego

Aplica las seis técnicas de poder sagradas para sanar el elemento Fuego, incluidos el corazón (el órgano zang del elemento Fuego), el intestino delgado (el órgano fu del elemento Fuego), la lengua (el órgano sensorial), los vasos sanguíneos (el tejido corporal) y la depresión y ansiedad (las emociones desequilibradas).

El Poder del Cuerpo. Coloca la palma de una mano sobre el corazón. Coloca la palma de la otra mano en la parte baja del abdomen, por debajo del ombligo.

El Poder del Alma. Saluda diciendo *hola* a las almas internas:

> *Querida alma corazón mente y cuerpo de mi corazón, intestino delgado,*
> *lengua, vasos sanguíneos y el cuerpo emocional del Elemento Fuego:*
> *Los amo, los honro, los aprecio.*
> *Tienen el poder de sanar y rejuvenecer a mi corazón, mi intestino delgado, mi*
> *lengua y mis vasos sanguíneos y, de este modo, sanar y prevenir la*
> *depresión y la ansiedad.*
> *Hagan un buen trabajo.*
> *Gracias.*

Saluda diciendo *hola* a las almas externas:

> *Querida Fuente del Tao y Querido Divino:*
> *Queridos budas y santos* (puedes mencionar los seres celestiales o padres
> y madres espirituales en los que crees):
> *Querido Cielo, querida Madre Tierra e innumerables planetas, estrellas,*
> *galaxias y universos:*
> *Los amo, los honro, los aprecio.*
> *Por favor, perdonen a mis ancestros y a mí por todos los errores que hemos*
> *cometido en todas nuestras vidas, en relación con el corazón, el intestino*
> *delgado, la lengua, los vasos sanguíneos, la depresión y la ansiedad.*
> *Lamento sinceramente todos estos errores.*
> *Me disculpo desde el fondo de mi corazón con todas las almas a las que mis*
> *ancestros y yo lastimamos o dañamos en estas maneras.*
> *Para ser perdonado, les serviré de manera incondicional.*
> *Recitar y meditar es servir.*
> *Voy a recitar y meditar lo más que pueda.*

Voy a ofrecer un servicio incondicional lo más que pueda.
Perdono de manera incondicional a toda persona que me haya lastimado o
dañado a mí o a mis ancestros en todas las vidas.
Estoy extremadamente agradecido.
Gracias.

El Poder de la Mente. Visualiza una luz dorada brillando en el corazón y alrededor de este.

El Poder de la Respiración. Inhala y expande tu abdomen. Exhala y contrae tu abdomen. Inhala y exhala de manera suave, uniforme y natural. Recuerda que la duración de cada inhalación y exhalación depende de tu condición personal.

El Poder del Sonido. Mientras recitamos, combinamos el Poder del Sonido con el Poder de la Respiración y una visualización más refinada del Poder de la Mente.

Paso 1

a. Inhala. Visualiza la luz dorada saliendo de tu nariz, proyectándose hacia abajo, hacia el centro de tu cuerpo, hasta la parte inferior de tu torso, de donde sale una bola en tu primer chakra de energía (primera Casa del Alma).

b. Exhala. Recite «Ah», que es el sonido sagrado para el elemento Fuego. Al mismo tiempo, visualiza la bola de luz dorada rotando desde la primera Casa del Alma hasta el corazón, donde explota y libera una radiación en todas las direcciones desde el corazón.

c. Repite los pasos 1a y 1b para un total de siete veces.

Paso 2

a. Inhala. Visualiza la luz dorada saliendo de tu nariz, proyectándose hacia abajo, hacia el centro de tu cuerpo, hasta la parte inferior de tu torso, de donde sale una bola en tu primer chakra de energía (primera Casa del Alma).

b. Exhala. Recite «Ah Ah Ah». Al mismo tiempo, visualiza la bola de luz dorada rotando desde la primera Casa del Alma hasta el corazón, donde rota, explota y libera una radiación en todas las direcciones.

c. Repite los pasos 2a y 2b para un total de cuatro veces.

Paso 3

a. Inhala. La misma visualización que en los pasos 1a y 2a.

b. Exhala. Recite:

Ah Ya (se pronuncia *a ya*)
Ah Ya Ah Ya You (se pronuncia *a ya a ya you*)
Ah Ya Ah Ya You
Ah Ya Ah Ya Ah Ya You
Ah Ya Ah Ya Ah Ya Ah Ya You

Mientras recitas estas cinco líneas, inhala rápidamente después de cada línea y visualiza la bola de luz dorada que rota, de la siguiente manera:

Cuando recitas la línea 1, la bola de luz dorada rota hacia arriba desde el primer chakra de energía (Casa del Alma) hasta el corazón, luego hasta el Kun Gong y regresa de nuevo hasta el chakra raíz (primera Casa del Alma).

Cuando recitas desde la línea 2 hasta la 5, la bola de luz dorada rota hacia arriba desde el primer chakra de energía (Casa del Alma) hasta el corazón, luego hasta el Kun Gong y regresa de nuevo hasta la primera Casa del Alma. Cuando recitas «You» en estas líneas, visualizas que la bola dorada forma un círculo. Entra en la médula espinal a través de un orificio invisible en frente del coxis, luego fluye por la médula espinal hacia el área occipital; finalmente, entra y atraviesa el cerebro hasta el chakra de la corona (séptima Casa del Alma) sobre la cabeza. A partir de allí, vuelve a descender dentro de tu cavidad nasal hasta el paladar, y luego baja a través de los chakras quinto, cuarto, tercero y segundo (Casas del Alma) de regreso al chakra raíz (primera Casa del Alma). Ver la figura 14 en la página 90.

c. Repite los pasos 3a y 3b para un total de cuatro veces.

Puedes recitar fuerte o silenciosamente. Lo mejor es que hagas los cánticos Yin y Yang cada vez que practiques.

El Poder de la Caligrafía del Tao. Traza *Da Ai*, el amor más grande, o *Da Kuan Shu*, el perdón más grande. (Ver «Cómo encontrar otras Caligrafías Tao con el fin de aplicar el poder de la Caligrafía del Tao» en la página 61.)

Cuando trazas, el trazado se convierte en tu Poder del Cuerpo. No te preocupes sobre intentar aplicar varias técnicas sagradas del Poder del Tao más de manera simultánea mientras estás trazando. Relájate y haz simplemente lo que te salga naturalmente y con facilidad. Una vez que hayas realizado la invocación de «decir *hola*» al Poder del Alma, cualquiera de las otras técnicas sagradas del Poder del Tao en la práctica respaldará la sanación y la transformación solicitada, ya sea aplicada sola o en cualquier combinación.

Cierra. Finaliza tu sesión de práctica diciendo lo siguiente:

Hao. Hao. Hao.
Gracias. Gracias. Gracias.

Elemento Tierra

Aplica las seis técnicas de poder sagradas para sanar el elemento Tierra, incluido el bazo (el órgano zang del elemento Tierra), el estómago (el órgano fu del elemento Tierra), la boca, los labios, los dientes y las encías (el órgano sensorial), los músculos (el tejido del cuerpo) y la preocupación (la emoción desequilibrada).

El Poder del Cuerpo. Coloca la palma de una mano sobre el bazo. Coloca la palma de la otra mano en la parte baja del abdomen, por debajo del ombligo.

El Poder del Alma. Saluda diciendo *hola* a las almas internas:

Querida alma corazón mente y cuerpo de mi bazo, estómago, boca, labios,
*   dientes, encías y el cuerpo emocional del Elemento Tierra:*
Los amo, los honro, los aprecio.
Tienen el poder de sanar y rejuvenecer mi bazo, estómago, boca, labios, dientes,
*   encías y músculos y de sanar y prevenir la preocupación.*
Hagan un buen trabajo.
Gracias.

Saluda diciendo *hola* a las almas externas:

Querida Fuente del Tao y Querido Divino:
Queridos budas y santos (menciona los seres celestiales o padres y
madres espirituales en los que crees)*:*
Querido Cielo, querida Madre Tierra e innumerables planetas, estrellas,
galaxias y universos:
Los amo, los honro, los aprecio.
Por favor, perdonen a mis ancestros y a mí por todos los errores que hemos
cometido en todas nuestras vidas, en relación con el bazo, el estómago, la
boca, los labios, los dientes, las encías, los músculos y la preocupación.
Lamento sinceramente todos estos errores.
Me disculpo desde el fondo de mi corazón con todas las almas a las que mis
ancestros y yo lastimamos o dañamos en estas maneras.
Para ser perdonado, les serviré de manera incondicional.
Recitar y meditar es servir.
Voy a recitar y meditar lo más que pueda.
Voy a ofrecer un servicio incondicional lo más que pueda.
Perdono de manera incondicional a toda persona que me haya lastimado o
dañado a mí o a mis ancestros en todas las vidas.
Estoy extremadamente agradecido.
Gracias.

El Poder de la Mente. Visualiza la luz dorada brillando en el bazo y alrededor de este.

El Poder de la Respiración. Inhala y expande tu abdomen. Exhala y contrae
tu abdomen. Asegúrate de inhalar y exhalar de manera suave, uniforme y
natural. Recuerda que la duración de cada inhalación y exhalación depende
de tu condición personal.

El Poder del Sonido. Mientras recitamos, combinamos el Poder del Sonido
con el Poder de la Respiración y una visualización más refinada del Poder
de la Mente.

Paso 1

a. Inhala. Visualiza la luz dorada saliendo de tu nariz, proyectándose hacia
    abajo, hacia el centro de tu cuerpo, hasta la parte inferior de tu torso, de
    donde sale una bola en tu primer chakra de energía (primera Casa del
    Alma).

b. Exhala. Recite «Hu» (se pronuncia *ju*), el sonido sagrado para el elemento Tierra. Al mismo tiempo, visualiza la bola de luz dorada rotando desde la primera Casa del Alma hasta el bazo, donde explota y libera una radiación en todas las direcciones desde el bazo.

c. Repite los pasos 1a y 1b para un total de siete veces.

Paso 2

a. Inhala. Visualiza la luz dorada saliendo de tu nariz, proyectándose hacia abajo, hacia el centro de tu cuerpo, hasta la parte inferior de tu torso, de donde sale una bola en tu primer chakra de energía (primera Casa del Alma).

b. Exhala. Recite «Hu Hu Hu». Al mismo tiempo, visualiza la bola de luz dorada rotando desde la primera Casa del Alma hasta el bazo, donde rota, explota y libera una radiación en todas las direcciones.

c. Repite los pasos 2a y 2b para un total de cuatro veces.

Paso 3

a. Inhala. La misma visualización que en los pasos 1a y 2a.

b. Exhala. Recite:

Hu Ya (se pronuncia *ju ya*)
Hu Ya Hu Ya You (se pronuncia *ju ya ju ya you*)
Hu Ya Hu Ya You
Hu Ya Hu Ya Hu Ya You
Hu Ya Hu Ya Hu Ya Hu Ya You

Mientras recitas estas cinco líneas, inhala rápidamente después de cada línea y visualiza la bola de luz dorada que rota, de la siguiente manera:

Cuando recitas la línea 1, la bola de luz dorada rota hacia arriba desde el primer chakra de energía (Casa del Alma) hasta el bazo, luego hasta el Kun Gong y regresa de nuevo hasta el chakra raíz (primera Casa del Alma).

Cuando recitas desde la línea 2 hasta la 5, la bola de luz dorada rota hacia arriba desde el primer chakra de energía (Casa del Alma) hasta el bazo, luego hasta el Kun Gong y regresa de nuevo hasta la primera Casa del Alma. Cuando recitas «You» en estas líneas, visualizas que la bola dorada forma un círculo. Entra en la médula espinal a través de un orificio invisible en frente del coxis, luego fluye por la médula espinal hacia el área occipital; finalmente, entra y atraviesa el cerebro hasta el chakra de la corona (séptima Casa del Alma) sobre la cabeza. A partir de allí, vuelve a descender dentro de tu cavidad nasal hasta el paladar, y luego baja a través de los chakras quinto, cuarto, tercero y segundo (Casas del Alma) de regreso al chakra raíz (primera Casa del Alma). Ver la figura 14 en la página 90.

c. Repite los pasos 3a y 3b para un total de cuatro veces.

Puedes recitar fuerte o silenciosamente. Lo mejor es que hagas los cánticos Yin y Yang cada vez que practiques.

El Poder de la Caligrafía del Tao. Traza *Da Ai*, el amor más grande, o *Da Kuan Shu*, el perdón más grande. (Ver «Cómo encontrar otras Caligrafías Tao con el fin de aplicar el poder de la Caligrafía del Tao» en la página 61.)

Cuando trazas, el trazado se convierte en tu Poder del Cuerpo. Puedes combinar el trazado con el Poder de la Mente, el Poder del Sonido y/o el Poder de la Respiración si así lo deseas o, simplemente, puedes centrarte en el trazado.

Cierra. Finaliza tu sesión de práctica diciendo lo siguiente:

Hao. Hao. Hao.
Gracias. Gracias. Gracias.

Elemento Metal

Aplica las seis técnicas sagradas del Poder del Tao para sanar el elemento Metal, que incluye los pulmones (el órgano zang del elemento Metal), el intestino grueso (el órgano fu del elemento Metal), la nariz (el órgano sensorial), la piel (el tejido corporal) y la tristeza y el pesar (las emociones desequilibradas).

El Poder del Cuerpo. Coloca la palma de una mano sobre un pulmón. Coloca la palma de la otra mano en la parte baja del abdomen, por debajo del ombligo. Puedes alternar las manos y los pulmones durante la práctica.

El Poder del Alma. Saluda diciendo *hola* a las almas internas:

Querida alma corazón mente y cuerpo de mis pulmones, intestino grueso,
  nariz, piel y el cuerpo emocional del Elemento Metal:
Los amo, los honro, los aprecio.
Tienen el poder de sanar y rejuvenecer mis pulmones, intestino grueso, nariz y
  piel y de sanar y prevenir la tristeza y el pesar.
Hagan un buen trabajo.
Gracias.

Saluda diciendo *hola* a las almas externas:

Querida Fuente del Tao y Querido Divino:
Queridos budas y santos (menciona los seres celestiales o padres y
  madres espirituales en los que crees)*:*
Querido Cielo, querida Madre Tierra e innumerables planetas, estrellas,
  galaxias y universos:
Los amo, los honro, los aprecio.
Por favor, perdonen a mis ancestros y a mí por todos los errores que hemos
  cometido en todas nuestras vidas, en relación con los pulmones, el intestino
  grueso, la nariz, la piel, la tristeza y el pesar.
Lamento sinceramente todos estos errores.
Me disculpo desde el fondo de mi corazón con todas las almas a las que mis
  ancestros y yo lastimamos o dañamos en estas maneras.
Para ser perdonado, les serviré de manera incondicional.
Recitar y meditar es servir.
Voy a recitar y meditar lo más que pueda.
Voy a ofrecer un servicio incondicional lo más que pueda.
Perdono de manera incondicional a toda persona que me haya lastimado o
  dañado a mí o a mis ancestros en todas las vidas.
Estoy extremadamente agradecido.
Gracias.

El Poder de la Mente. Visualiza la luz dorada brillando en los pulmones y
alrededor de estos.

El Poder de la Respiración. Inhala y expande tu abdomen. Exhala y contrae
tu abdomen. Asegúrate de inhalar y exhalar de manera suave, uniforme y

natural. Recuerda que la duración de cada inhalación y exhalación depende de tu condición personal.

El Poder del Sonido. Mientras recitamos, combinamos el Poder del Sonido con el Poder de la Respiración y una visualización más refinada del Poder de la Mente.

Paso 1

a. Inhala. Visualiza la luz dorada saliendo de tu nariz, proyectándose hacia abajo, hacia el centro de tu cuerpo, hasta la parte inferior de tu torso, de donde sale una bola en tu primer chakra de energía (primera Casa del Alma).

b. Exhala. Recite «Si» (se pronuncia *sz*), el sonido sagrado para el elemento Metal. Al mismo tiempo, visualiza la bola de luz dorada rotando desde la primera Casa del Alma hasta los pulmones, donde explota y libera una radiación en todas las direcciones desde los pulmones.

c. Repite los pasos 1a y 1b para un total de siete veces.

Paso 2

a. Inhala. Visualiza la luz dorada saliendo de tu nariz, proyectándose hacia abajo, hacia el centro de tu cuerpo, hasta la parte inferior de tu torso, de donde sale una bola en tu primer chakra de energía (primera Casa del Alma).

b. Exhala. Recite «Si Si Si» (se pronuncia *sz sz sz*). Al mismo tiempo, visualiza la bola de luz dorada rotando desde la primera Casa del Alma hasta los pulmones, donde rota, explota y libera una radiación en todas las direcciones.

c. Repite los pasos 2a y 2b para un total de cuatro veces.

Paso 3

a. Inhala. La misma visualización que en los pasos 1a y 2a.

b. Exhala. Recite:

Si Ya (se pronuncia *sz ya*)
Si Ya Si Ya You (se pronuncia *sz ya sz ya you*)

Si Ya Si Ya You
Si Ya Si Ya Si Ya You
Si Ya Si Ya Si Ya Si Ya You

Mientras recitas estas cinco líneas, inhala rápidamente después de cada línea y visualiza la bola de luz dorada que rota, de la siguiente manera:

Cuando recitas la línea 1, la bola de luz dorada rota hacia arriba desde el primer chakra de energía (Casa del Alma) hasta los pulmones, luego hasta el Kun Gong y regresa de nuevo hasta el chakra raíz (primera Casa del Alma).

Cuando recitas desde la línea 2 hasta la 5, la bola de luz dorada rota hacia arriba desde el primer chakra de energía (Casa del Alma) hasta los pulmones, luego hasta el Kun Gong y regresa de nuevo hasta la primera Casa del Alma. Cuando recitas «You» en estas líneas, visualizas que la bola dorada forma un círculo. Entra en la médula espinal a través de un orificio invisible en frente del coxis, luego fluye por la médula espinal hacia el área occipital; finalmente, entra y atraviesa el cerebro hasta el chakra de la corona (séptima Casa del Alma) sobre la cabeza. A partir de allí, vuelve a descender dentro de tu cavidad nasal hasta el paladar, y luego baja a través de los chakras quinto, cuarto, tercero y segundo (Casas del Alma) de regreso al chakra raíz (primera Casa del Alma). Ver la figura 14 en la página 90.

c. Repite los pasos 3a y 3b para un total de cuatro veces.

Puedes recitar fuerte o silenciosamente. Lo mejor es que hagas los cánticos Yin y Yang cada vez que practiques.

El Poder de la Caligrafía del Tao. Traza *Da Ai*, el amor más grande, o *Da Kuan Shu*, el perdón más grande. (Ver «Cómo encontrar otras Caligrafías Tao con el fin de aplicar el poder de la Caligrafía del Tao» en la página 61.)

Cuando trazas, el trazado se convierte en tu Poder del Cuerpo. Puedes combinar el trazado con el Poder de la Mente, el Poder del Sonido y/o el Poder de la Respiración si así lo deseas o, simplemente, puedes centrarte en el trazado.

Cierra. Finaliza tu sesión de práctica diciendo lo siguiente:

Hao. Hao. Hao.
Gracias. Gracias. Gracias.

Elemento Agua

Aplica las seis técnicas sagradas del Poder del Tao para sanar el elemento Agua, que incluye los riñones (el órgano zang del elemento Agua), la vejiga (el órgano fu del elemento Agua), los oídos (el órgano sensorial), los huesos y articulaciones (los tejidos del cuerpo) y el miedo (la emoción desequilibrada).

El Poder del Cuerpo. Coloca la palma de una mano sobre un riñón. Coloca la palma de la otra mano en la parte baja del abdomen, por debajo del ombligo. Si se te cansan las manos o los brazos—o, incluso, si no—puedes alternar las manos y los riñones durante la práctica.

El Poder del Alma. Saluda diciendo *hola* a las almas internas:

Querida alma corazón mente y cuerpo de mis riñones, vejiga, oídos, huesos y el
   cuerpo emocional del Elemento Agua:
Los amo, los honro, los aprecio.
Tienen el poder de sanar y rejuvenecer mis riñones, vejiga, oídos, huesos y
   articulaciones y de sanar y prevenir el miedo.
Hagan un buen trabajo.
Gracias.

Saluda diciendo *hola* a las almas externas:

Querida Fuente del Tao y Querido Divino:
Queridos budas y santos (menciona los seres celestiales o padres y
   madres espirituales en los que crees)*:*
Querido Cielo, querida Madre Tierra e innumerables planetas, estrellas,
   galaxias y universos:
Los amo, los honro, los aprecio.
Por favor, perdonen a mis ancestros y a mí por todos los errores que hemos
   cometido en todas nuestras vidas, en relación con los riñones, la vejiga, los
   oídos, los huesos, las articulaciones y el miedo.
Lamento sinceramente todos estos errores.

Me disculpo desde el fondo de mi corazón con todas las almas a las que mis ancestros y yo lastimamos o dañamos en estas maneras.
Para ser perdonado, les serviré de manera incondicional.
Recitar y meditar es servir.
Voy a recitar y meditar lo más que pueda.
Voy a ofrecer un servicio incondicional lo más que pueda.
Perdono de manera incondicional a toda persona que me haya lastimado o dañado a mí o a mis ancestros en todas las vidas.
Estoy extremadamente agradecido.
Gracias.

El Poder de la Mente. Visualiza la luz dorada brillando en los riñones y alrededor de estos.

El Poder de la Respiración. Inhala y expande tu abdomen. Exhala y contrae tu abdomen. Asegúrate de inhalar y exhalar de manera suave, uniforme y natural. Recuerda que la duración de cada inhalación y exhalación depende de tu condición personal.

El Poder del Sonido. Mientras recitamos, combinamos el Poder del Sonido con el Poder de la Respiración y una visualización más refinada del Poder de la Mente.

Paso 1

a. Inhala. Visualiza la luz dorada saliendo de tu nariz, proyectándose hacia abajo, hacia el centro de tu cuerpo, hasta la parte inferior de tu torso, de donde sale una bola en tu primer chakra de energía (primera Casa del Alma).

b. Exhala. Recite «Chui» (se pronuncia *chuey*), el sonido sagrado del elemento Agua. Al mismo tiempo, visualiza la bola de luz dorada rotando desde la primera Casa del Alma hasta los riñones, donde explota y libera una radiación en todas las direcciones desde los pulmones.

c. Repite los pasos 1a y 1b para un total de siete veces.

Paso 2

a. Inhala. Visualiza la luz dorada saliendo de tu nariz, proyectándose hacia abajo, hacia el centro de tu cuerpo, hasta la parte inferior de tu torso, de donde sale una bola en tu primer chakra de energía (primera Casa del Alma).

b. Exhala. Recite «Chui Chui Chui». Al mismo tiempo, visualiza la bola de luz dorada rotando desde la primera Casa del Alma hasta los riñones, donde rota, explota y libera una radiación en todas las direcciones.

c. Repite los pasos 2a y 2b para un total de cuatro veces.

Paso 3

a. Inhala. La misma visualización que en los pasos 1a y 2a.

b. Exhala. Recite:

Chui Ya (se pronuncia *chuey ya*)
Chui Ya Chui Ya You (se pronuncia *chuey ya chuey ya you*)
Chui Ya Chui Ya You
Chui Ya Chui Ya Chui Ya You
Chui Ya Chui Ya Chui Ya Chui Ya You

Mientras recitas estas cinco líneas, inhala rápidamente después de cada línea y visualiza la bola de luz dorada que rota, de la siguiente manera:

Cuando recitas la línea 1, la bola de luz dorada rota hacia arriba desde el primer chakra de energía (Casa del Alma) hasta los riñones, luego hasta el Kun Gong y regresa de nuevo hasta el chakra raíz (primera Casa del Alma).

Cuando recitas desde la línea 2 hasta la 5, la bola de luz dorada rota hacia arriba desde el primer chakra de energía (Casa del Alma) hasta los riñones, luego hasta el Kun Gong y regresa de nuevo hasta la primera Casa del Alma. Cuando recitas «You» en estas líneas, visualizas que la bola dorada forma un círculo. Entra en la médula espinal a través de un orificio invisible en frente del coxis, luego fluye por la médula espinal hacia el área occipital; finalmente, entra y atraviesa el cerebro hasta el chakra de la corona (séptima Casa del Alma) sobre la cabeza. A partir de allí, vuelve a descender dentro de tu cavidad nasal hasta el paladar, y luego baja a través de los chakras quinto, cuarto, tercero y segundo (Casas del Alma) de regreso al chakra raíz (primera Casa del Alma). Ver la figura 14 en la página 90.

c. Repite los pasos 3a y 3b para un total de cuatro veces.

Puedes recitar fuerte o silenciosamente. Lo mejor es que hagas los cánticos Yin y Yang cada vez que practiques.

El Poder de la Caligrafía del Tao. Traza *Da Ai*, el amor más grande, o *Da Kuan Shu*, el perdón más grande. (Ver «Cómo encontrar otras Caligrafías Tao con el fin de aplicar el poder de la Caligrafía del Tao» en la página 61.)

Cuando trazas, el trazado se convierte en tu Poder del Cuerpo. Puedes combinar el trazado con el Poder de la Mente, el Poder del Sonido y/o el Poder de la Respiración si así lo deseas o, simplemente, puedes centrarte en el trazado.

Cierra. Finaliza tu sesión de práctica diciendo lo siguiente:

Hao. Hao. Hao.
Gracias. Gracias. Gracias.

ೞ ೞ ೞ

Sanar y transformar los Cinco Elementos es una de las prácticas clave más importantes para la salud, las relaciones y las finanzas. En este capítulo, hemos aplicado seis técnicas sagradas del Poder del Tao para sanar y transformar los cuerpos físicos y emocionales. Apliquemos seis técnicas sagradas del Poder del Tao para sanar el cuerpo mental.

Aplica seis técnicas sagradas del Poder del Tao para sanar el cuerpo mental

E L CUERPO MENTAL ES la mente de un ser humano, de un animal, de cualquier cosa y de todo. La mente es conciencia. Todos y todo está hecho de «shen qi jing». En otras palabras, todos y todo tiene alma, corazón (núcleo espiritual), mente (conciencia) y cuerpo (energía y materia). Los bloqueos en la mente o la conciencia son los bloqueos principales relacionados con cada aspecto de la vida.

Una vez más, destaco que algunos de los bloqueos de la mente más importantes, que son la información o los mensajes negativos de la mente, son las mentalidades negativas, las actitudes negativas, las creencias negativas, el ego, apegos y más.

Las condiciones mentales numerosas también necesitan la sanación y la transformación. Entre ellas, se incluyen la confusión mental, la poca concentración, la pérdida de memoria, el trastorno de déficit de atención, los trastornos alimenticios, el trastorno obsesivo compulsivo, la enfermedad de Alzheimer, el trastorno bipolar, otros trastornos mentales graves y más.

Voy a compartir otro secreto importante: con el fin de sanar y equilibrar el cuerpo mental, la clave es el chakra del corazón y la cuarta Casa del Alma, a lo que también denomino el Centro de Mensajes.

El Centro de Mensajes es uno de los centros energéticos y espirituales más importantes en un ser humano. Es el centro para la sanación del alma y la comunicación del alma. El Centro de Mensajes y el corazón conducen hasta la conciencia. Sanar y transformar el Centro de Mensajes es transformar la conciencia, que incluye las emociones, las mentalidades negativas, las actitudes negativas, las creencias negativas, el ego, los apegos y todos los demás tipos de bloqueos y desafíos mentales.

Apliquemos las seis técnicas sagradas del Poder del Tao para sanar y transformar el cuerpo mental al sanar y transformar el Centro de Mensajes.

Practicaremos con la cuarta de las diez naturalezas Da del Tao, Da Guang Ming, la luz más grande, para sanar y transformar el cuerpo mental. Destaco el poder y la relevancia de Da Guang Ming como se cuenta en el mantra sagrado de cuatro líneas de la Fuente del Tao del Da Guang Ming en el capítulo dos:

La cuarta de las diez naturalezas Da del Tao es la luz más grande y la transparencia.
Estoy dentro de la luz de la Fuente del Tao.
La luz de la Fuente del Tao está dentro mío.
El cuerpo entero está completamente iluminado y transparente.

El Poder del Cuerpo. Coloca la palma de una mano sobre el Centro de Mensajes (el chakra del corazón, la cuarta Casa del Alma), que se ubica en el medio de tu pecho, al lado del corazón. Ver la figura 14 en la página 90. Coloca la otra palma sobre el cerebro.

El Poder del Alma. Saluda diciendo *hola* a las almas internas:

Querida alma corazón mente y cuerpo de mi Centro de Mensajes:
Querida alma corazón mente y cuerpo de mi mente:
Los amo, los honro, los aprecio.
Tienen el poder de sanar y transformar mi corazón y mi mente.
Hagan un buen trabajo.
Gracias.

Saluda diciendo *hola* a las almas externas:

Querida Fuente del Tao y Querido Divino:
Queridos budas y santos (menciona los santos en los que crees):

Querido Cielo, querida Madre Tierra e innumerables planetas, estrellas,
   galaxias y universos:
Los amo, los honro, los aprecio.
Por favor, perdonen a mis ancestros y a mí por todos los errores que hemos
   cometido en todas nuestras vidas, en relación con la mente o el cuerpo
   mental.
Lamento sinceramente todos estos errores.
Me disculpo desde el fondo de mi corazón con todas las almas a las que mis
   ancestros y yo lastimamos o dañamos, causando bloqueos en la mente o
   condiciones mentales.
Para ser perdonado, les serviré de manera incondicional.
Recitar y meditar es servir.
Voy a recitar y meditar lo más que pueda.
Voy a ofrecer un servicio incondicional lo más que pueda.
Perdono de manera incondicional a toda persona que me haya lastimado o
   dañado a mí o a mis ancestros en todas las vidas.
Estoy extremadamente agradecido.
Gracias.

El Poder de la Mente. Visualiza la luz dorada brillando en el Centro de Mensajes y el cerebro y alrededor de estos.

El Poder de la Respiración. Inhala y expande tu abdomen. Exhala y contrae tu abdomen. Asegúrate de inhalar y exhalar de manera suave, uniforme y natural. Recuerda que la duración de cada inhalación y exhalación depende de tu condición personal. Sigue el camino de la naturaleza.

El Poder del Sonido. Mientras recitamos, combinamos el Poder del Sonido con el Poder de la Respiración y una visualización más refinada del Poder de la Mente. Mira el video con mi cántico, que ha sido creado para ti para esta práctica y todas las prácticas importantes en este libro.

Paso 1

a. Inhala. Visualiza la luz dorada saliendo de tu nariz, proyectándose hacia abajo, hacia el centro de tu cuerpo, hasta la parte inferior de tu torso, de donde sale una bola en tu primer chakra de energía (primera Casa del Alma).

b. Exhala. Recite «Guang Ming» (se pronuncia *gwang ming*). Al mismo tiempo, visualiza la bola de luz dorada rotando desde la primera Casa del Alma hasta el Centro de Mensajes, donde explota y libera una radiación en todas las direcciones desde el Centro de Mensajes.

c. Repite los pasos 1a y 1b para un total de siete veces.

Paso 2

a. Inhala. Visualiza la luz dorada saliendo de tu nariz, proyectándose hacia abajo, hacia el centro de tu cuerpo, hasta la parte inferior de tu torso, de donde sale una bola en tu primer chakra de energía (primera Casa del Alma).

b. Exhala. Recite «Guang Ming Guang Ming Guang Ming». Al mismo tiempo, visualiza la bola de luz dorada rotando desde la primera Casa del Alma hasta el Centro de Mensajes, donde rota, explota y libera una radiación en todas las direcciones.

c. Repite los pasos 2a y 2b para un total de cuatro veces.

Paso 3

a. Inhala. La misma visualización que en los pasos 1a y 2a.

b. Exhala. Recite:

Guang Ming (se pronuncia *gwang ming*)
Guang Ming Guang Ming Guang Ming
Guang Ming Guang Ming Guang Ming
Guang Ming Guang Ming Guang Ming
Guang Ming Guang Ming Guang Ming Guang Ming

Mientras recitas estas cinco líneas, inhala rápidamente después de cada línea y visualiza la bola de luz dorada que rota, de la siguiente manera:

Cuando recitas la línea 1, la bola de luz dorada rota desde la primera Casa del Alma hasta el Centro de Mensajes, luego hasta el Kun Gong y regresa de nuevo hasta la primera Casa del Alma.

Cuando recitas desde la línea 2 hasta la línea 5, la bola de luz dorada rota desde la primera Casa del Alma hasta el Centro de Mensajes, luego hasta el Kun Gong y regresa de nuevo hasta la primera Casa del Alma. Entonces, la bola dorada forma un círculo. Desde la primera Casa del Alma, entra en la médula espinal a través de un orificio invisible en frente del coxis, luego fluye por la médula espinal hacia el área occipital; finalmente, entra y atraviesa el cerebro hasta el chakra de la corona (séptima Casa del Alma) sobre la cabeza. A partir de allí, vuelve a descender dentro de tu cavidad nasal hasta el paladar, y luego baja a través de los chakras quinto, cuarto, tercero y segundo (Casas del Alma) de regreso al chakra raíz (primera Casa del Alma). Ver la figura 14 en la página 90.

c. Repite los pasos 3a y 3b para un total de cuatro veces.

Puedes recitar fuerte o silenciosamente. Lo mejor es que hagas los cánticos Yin y Yang cada vez que practiques.

El Poder de la Caligrafía del Tao. Traza *Da Ai*, el amor más grande, o *Da Kuan Shu*, el perdón más grande. (Ver «Cómo encontrar otras Caligrafías Tao con el fin de aplicar el poder de la Caligrafía del Tao» en la página 61.)

Cuando trazas, el trazado se convierte en tu Poder del Cuerpo. Puedes combinar el trazado con el Poder de la Mente, el Poder del Sonido y/o el Poder de la Respiración si así lo deseas o, simplemente, puedes centrarte en el trazado.

Cierra. Finaliza tu sesión de práctica diciendo lo siguiente:

Hao. Hao. Hao.
Gracias. Gracias. Gracias.

ಐ ಐ ಜ

Hemos aplicado seis técnicas sagradas del Poder del Tao para sanar y transformar el cuerpo mental a través de Da Guang Ming, la luz más grande. Da Guang Ming es la cuarta de las diez Da. Puedes aplicar cualquiera de las otras nueve de las diez cualidades Da de la misma manera para transformar el cuerpo mental.

Hay muchas dolencias de la mente o la conciencia. La sabiduría sagrada y las técnicas que he compartido en este capítulo pueden aplicarse para sanar y transformar todas las dolencias.

Practica. Practica. Practica.

Experimenta la transformación.

Aplica seis técnicas sagradas del Poder del Tao para sanar el cuerpo espiritual

U N SER HUMANO TIENE innumerables almas. Un ser humano tiene un alma del cuerpo, almas de todos los sistemas, órganos, células, unidades en las células, ADN, ARN, espacios entre las células, materia diminuta dentro de las células y más.

Las almas reencarnan vida tras vida. Las almas portan la sabiduría, el conocimiento y las memorias de la experiencia de vida de todas las vidas. Las almas también portan los bloqueos de todas las vidas. Aplicar las seis técnicas sagradas del Poder del Tao para sanar el cuerpo espiritual es la clave para sanar todas las enfermedades.

¿Por qué? El alma es el jefe. Recuerda las cuatro frases sagradas en la Ley del Shen Qi Jing:

靈到心到	ling dao xin dao	El alma llega; el corazón sigue.
心到意到	xin dao yi dao	El corazón llega; la mente sigue.
意到氣到	yi dao qi dao	La mente llega; la energía sigue.
氣到血到	qi dao xue dao	La energía llega; la materia sigue.

Nuestra amada alma es el depósito de toda la información, el contenido de todos los mensajes de nuestro cuerpo físico, cuerpo emocional, cuerpo mental, cuerpo espiritual, relaciones, finanzas y más en todas las vidas. La información o los mensajes negativos en el alma, que son bloqueos de todas las vidas, se traspasan al corazón, la mente y el cuerpo.

Los resultados pueden ser todos los tipos de bloqueos, desafíos y negatividades en el corazón, la mente y el cuerpo. Por lo tanto, la importancia de sanar el cuerpo espiritual no puede explicarse lo suficiente por medio de palabras.

Primero sana y transforma el alma; luego la sanación y transformación de cada aspecto de la vida le seguirá.

Esta clave sagrada para alcanzar la sanación se puede expresar de otra manera:

Primero sana y transforma el cuerpo espiritual; luego, seguirán la sanación y la transformación del cuerpo mental, emocional y físico.

Aplica las seis técnicas sagradas del Poder del Tao para sanar y transformar el cuerpo espiritual. En el capítulo dos, compartí las diez naturalezas más grandiosas de la Fuente del Tao, el Cielo, la Madre Tierra y el ser humano.

Practiquemos el Da Ai, el amor más grande, para sanar y transformar el cuerpo espiritual. Destaco el poder y la relevancia de Da Ai a través del mantra sagrado de cuatro líneas que compartí en el capítulo dos:

Primero entrega el amor más grande, la primera de las Diez naturalezas Da del Tao.
Amor incondicional
Disuelve todos los bloqueos.
Corazón claro; alma, corazón y mente iluminados.

El Poder del Cuerpo. Coloca la palma de una mano sobre tu corazón. La sabiduría antigua nos enseña que el corazón alberga la mente y el alma. Coloca la palma de la otra mano en la parte baja del abdomen, por debajo del ombligo.

El Poder del Alma. Saluda diciendo *hola* a las almas internas:

Querida alma corazón mente y cuerpo de mi cuerpo espiritual:
Los amo, los honro, los aprecio.
Tienen el poder de sanarse y transformarse a sí mismos.

Hagan un buen trabajo.
Gracias.

Saluda diciendo *hola* a las almas externas:

Querida Fuente del Tao y Querido Divino:
Queridos budas y santos (menciona los santos en los que crees)*:*
Querido Cielo, querida Madre Tierra e innumerables planetas, estrellas,
galaxias y universos:
Los amo, los honro, los aprecio.
Por favor, perdonen a mis ancestros y a mí por todos los errores que hemos
cometido en todas nuestras vidas, en relación con el viaje espiritual y el
cuerpo espiritual.
Lamento sinceramente todos estos errores.
Me disculpo desde el fondo de mi corazón con todas las almas a las que mis
ancestros y yo lastimamos o dañamos, causando bloqueos a su viaje o cuerpo
espiritual.
Para ser perdonado, les serviré de manera incondicional.
Recitar y meditar es servir.
Voy a recitar y meditar lo más que pueda.
Voy a ofrecer un servicio incondicional lo más que pueda.
Perdono de manera incondicional a toda persona que me haya lastimado o
dañado a mí o a mis ancestros en todas las vidas.
Estoy extremadamente agradecido.
Gracias.

El Poder de la Mente. Visualiza la luz dorada brillando en el corazón y alrededor de este y a lo largo de todo el cuerpo.

El Poder de la Respiración. Inhala y deja que tu abdomen se expanda. Exhala y contrae tu abdomen. Asegúrate de inhalar y exhalar de manera
suave, uniforme y natural. Recuerda que la duración de cada inhalación y
exhalación depende de tu condición personal.

El Poder del Sonido. Mientras recitamos, combinamos el Poder del Sonido
con el Poder de la Respiración y una visualización más refinada del Poder
de la Mente. Mira el video con mi cántico, que ha sido creado para ti para
esta práctica y todas las prácticas importantes en este libro.

Paso 1

a. Inhala. Visualiza la luz dorada saliendo de tu nariz, proyectándose hacia abajo, hacia el centro de tu cuerpo, hasta la parte inferior de tu torso, de donde sale una bola en tu primer chakra de energía (primera Casa del Alma).

b. Exhala. Recite «Da Ai» (se pronuncia *da ai*). Al mismo tiempo, visualiza la bola de luz dorada rotando desde la primera Casa del Alma hasta el corazón, donde explota y libera una radiación en todas las direcciones desde el corazón.

c. Repite los pasos 1a y 1b para un total de siete veces.

Paso 2

a. Inhala. Visualiza la luz dorada saliendo de tu nariz, proyectándose hacia abajo, hacia el centro de tu cuerpo, hasta la parte inferior de tu torso, de donde sale una bola en tu primer chakra de energía (primera Casa del Alma).

b. Exhala. Recite «Da Ai Da Ai Da Ai». Al mismo tiempo, visualiza la bola de luz dorada rotando desde la primera Casa del Alma hasta el corazón, donde rota, explota y libera una radiación en todas las direcciones.

c. Repite los pasos 2a y 2b para un total de cuatro veces.

Paso 3

a. Inhala. La misma visualización que en los pasos 1a y 2a.

b. Exhala. Recite:

Da Ai (se pronuncia *da ai*)
Da Ai Da Ai Da Ai
Da Ai Da Ai Da Ai
Da Ai Da Ai Da Ai
Da Ai Da Ai Da Ai Da Ai

Mientras recitas estas cinco líneas, inhala rápidamente después de cada línea y visualiza la bola de luz dorada que rota, de la siguiente manera:

Cuando recitas la línea 1, la bola de luz dorada rota desde la primera Casa del Alma hasta el corazón, luego sobre el chakra del corazón (cuarta Casa del Alma) y regresa al Kun Gong hasta la primera Casa del Alma.

Cuando recitas desde la línea 2 hasta la línea 5, la bola de luz dorada rota desde la primera Casa del Alma hasta el corazón, luego sobre el chakra del corazón (cuarta Casa del Alma) y regresa al Kun Gong hasta la primera Casa del Alma. Entonces, la bola dorada forma un círculo. Desde la primera Casa del Alma, entra en la médula espinal a través de un orificio invisible en frente del coxis, luego fluye por la médula espinal hacia el área occipital; finalmente, entra y atraviesa el cerebro hasta el chakra de la corona (séptima Casa del Alma) sobre la cabeza. A partir de allí, vuelve a descender dentro de tu cavidad nasal hasta el paladar, y luego baja a través de los chakras quinto, cuarto, tercero y segundo (Casas del Alma) de regreso al chakra raíz (primera Casa del Alma). Ver la figura 14 en la página 90.

c. Repite los pasos 3a y 3b para un total de cuatro veces.

Puedes recitar fuerte o silenciosamente. Lo mejor es que hagas los cánticos Yin y Yang cada vez que practiques.

El Poder de la Caligrafía del Tao. Traza *Da Ai*, el amor más grande. Puedes trazar *Da Ai* en la contraportada. (Ver, también, «Cómo encontrar otras Caligrafías Tao con el fin de aplicar el poder de la Caligrafía del Tao», en la página 61.)

Cuando trazas, el trazado se convierte en tu Poder del Cuerpo. Puedes combinar el trazado con el Poder de la Mente, el Poder del Sonido y/o el Poder de la Respiración si así lo deseas o, simplemente, puedes centrarte en el trazado.

Cierra. Finaliza tu sesión de práctica diciendo lo siguiente:

Hao. Hao. Hao.
Gracias. Gracias. Gracias.

ౡ ౡ ౷

Hemos aplicado seis técnicas sagradas del Poder del Tao para sanar y transformar el cuerpo espiritual a través de Da Ai, el amor más grande. Da Ai es la primera de las diez Da. Puedes aplicar cualquiera de las otras nueve de las diez cualidades Da de la misma manera para transformar el cuerpo espiritual.

Practica. Practica. Practica.

Experimenta la transformación.

Siete chakras de energía (Casas del Alma) y Wai Jiao

LA ENSEÑANZA DE LOS CHAKRAS se registra en las tradiciones tempranas del hinduismo. Se trata de los centros energéticos que son el enfoque de muchas meditaciones y prácticas antiguas. Hay siete chakras primarios.

Recibí la enseñanza del Divino en 2008 que los siete chakras son, también, las siete casas del alma en un ser humano. Están en el núcleo y en el canal central del cuerpo. Ver la figura 14 en la página 90.

Cada Casa del Alma es del tamaño del puño. Desde la más baja hasta la más elevada, las casas del alma son las siguientes:

- Primera: en el piso pélvico, justo encima del perineo, que es el área entre el ano y el escroto o la vulva y el punto de acupuntura Hui Yin[16] (chakra raíz)
- Segunda: en la parte inferior del abdomen, entre la primera y la tercera Casa del Alma (chakra sacral)
- Tercera: al nivel del ombligo (chakra del ombligo)
- Cuarta: el Centro de Mensajes (chakra del corazón), que está en el centro del pecho
- Quinta: en la garganta (chakra de la garganta)
- Sexta: en el cerebro (chakra del tercer ojo)

---

[16] El punto de la acupuntura Hui Yin se encuentra en el perineo, que es el área entre el ano y el escroto o la vulva. Ver la figura 14 en la página 90.

- Séptima: encima de la cabeza del punto de acupuntura Bai Hui[17]

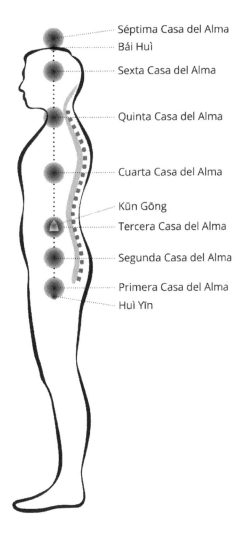

Séptima Casa del Alma
Bái Huì
Sexta Casa del Alma
Quinta Casa del Alma
Cuarta Casa del Alma
Kūn Gōng
Tercera Casa del Alma
Segunda Casa del Alma
Primera Casa del Alma
Huì Yīn

Figura 14. Los siete chakras (Casas del Alma) de un ser humano

---

[17] El punto de la acupuntura Bai Hui está sobre la corona de la cabeza, a mitad de camino entre los oídos y a mitad de camino entre la parte frontal y la parte trasera. Ver la figura 14.

Poder y relevancia de los siete chakras
(Casas del Alma) y Wai Jiao

La primera Casa del Alma es el origen, la base y la raíz. Es la fuente de generación de energía y luz. En el nivel físico, esta área también es el generador de vida y energía. Es el motor que produce la fuerza impulsora para generar y propulsar energía a través de las seis Casas del Alma restantes y a través de todo el cuerpo.

La primera Casa del Alma es exactamente eso: es la primera casa en la que el alma reside en su viaje. Es el comienzo del viaje del alma. El alma de un ser humano ha estado en su viaje durante muchas, muchas vidas. Si tu alma se asienta en la primera Casa del Alma, tu alma todavía está en las primeras etapas del viaje. La primera Casa del Alma es muy importante, pero, en el viaje de tu alma, tu alma necesita moverse a las Casas del Alma más elevadas.

La segunda Casa del Alma está en la parte baja del abdomen al mismo nivel como el Dan Tian Inferior,[18] entre la primera Casa del Alma y el nivel del ombligo. Ver la figura 15. La segunda Casa del Alma es importante en el viaje del alma porque cuando tu alma alcanza esta posición, ha ganado una gran virtud, que es la recompensa del Cielo por la información positiva o los mensajes que has creado. Esta virtud nutre y eleva tu alma y se registra en tu libro en los Registros Akáshicos.[19] Tu alma ha hecho un progreso significativo, pero todavía tiene un largo viaje por delante.

La segunda Casa del Alma está conectada con el bienestar y el equilibrio de la energía fundamental del Dan Tian Inferior. Está conectada con el bienestar y el equilibrio de toda creación. Como sucede en el gran universo (naturaleza), lo mismo sucede, también, en el pequeño universo (ser humano).

---

[18] El Dan Tian Inferior es un centro energético fundamental del tamaño del puño y ubicado en el abdomen inferior. (Ver la figura 15 en la página 92). Es un depósito de energía. Un Dan Tian Inferior poderoso es clave para la energía, la resistencia, la vitalidad, la inmunidad, el rejuvenecimiento y la longevidad.

[19] Los Registros Akáshicos es el lugar en el Cielo donde se registran todas las acciones, los comportamientos, el discurso y los pensamientos—positivos y negativos—de una persona, de todas sus vidas. Cada alma tiene un libro en los Registros Akáshicos.

Como revelé en *El Poder del Alma*,[20] el libro autoritativo de toda mi colección Poder del Alma, el abdomen inferior también es un centro del alma secreto de la inteligencia, la sabiduría y el conocimiento del alma.

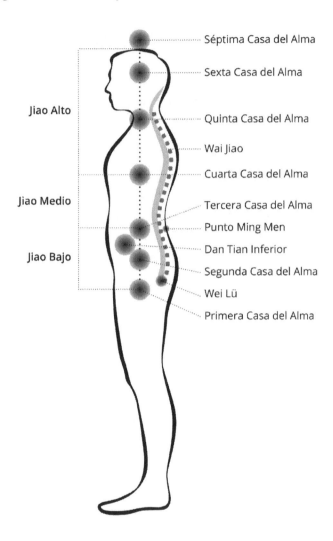

Figura 15. Las siete Casas del Alma, San Jiao,
Wai Jiao, punto Ming Men, Dan Tian inferior y Wei Lü

---

[20] Dr. and Master Zhi Gang Sha, *The Power of Soul: The Way to Heal, Rejuvenate, and Enlighten All Life*, New York/Toronto: Atria Books/Heaven's Library Publication Corp., 2009.

En esta área, el mensaje, la energía y la materia circulan activamente y causan una influencia en cada aspecto del ser humano. La segunda Casa del Alma se conecta con todos los aspectos de toda la creación, incluidos el Mundo de las Almas, el Divino y la Fuente del Tao.

La tercera Casa del Alma es importante porque es la última para que el alma atraviese su viaje hacia la iluminación. Cuando tu alma alcanza este nivel es porque ha hecho un progreso real. Las almas están bastante felices al haber alcanzado este nivel. Están ansiosas por avanzar más porque saben que el siguiente paso es su iluminación.

La cuarta Casa del Alma es muy especial. Cuando tu alma encaja en el Centro de Mensajes o el chakra del corazón por detrás del extremo inferior del esternón, es porque ha alcanzado el nivel de iluminación. Su posición del alma ha cambiado de manera significativa. Alcanzar la iluminación del alma requiere usualmente cientos o miles de vidas.

Estar iluminado transforma la calidad del servicio que puedes ofrecer. Tu habilidad de servir se vuelve más elevada y más poderosa. Al mismo tiempo, tu libro en los Registros Akáshicos se transfiere a un salón especial para aquellos que están iluminados. Tu habilidad de comunicarte con el Mundo de las Almas aumenta de manera significativa. Las enseñanzas, la sabiduría y las prácticas que recibes del Divino y de todo el Mundo de las Almas estará en un nivel enteramente diferente. Es un hito importante sobre la viaje del alma, pero es solo el comienzo del viaje de iluminación.

La cuarta Casa del Alma es el centro de sanación, amor, perdón, compasión, comunicación del alma, transformación, iluminación y mucho más. Todas estas cualidades también afectan tu viaje físico. Cuando tu alma se asienta en la cuarta Casa del Alma, muchos bloqueos podrían removerse. Tu bienestar, incluida tu salud física, emocional y mental, podría mejorar de una manera poderosa.

La quinta Casa del Alma está en la garganta. Las almas de muy pocas personas alcanzan este nivel mediante sus propios esfuerzos. Esta Casa del Alma es un puente entre el corazón y la mente. Ayuda a integrar la sabiduría del corazón y la mente. Cuando esto sucede, el servicio puede dar incrementos significativos de nuevo. Tu habilidad de entender tu propio viaje del alma y el de los demás aumenta enormemente.

A nivel físico, las bendiciones nos traen no solo la sanación más grandiosa en cada aspecto de la vida, sino también el rejuvenecimiento sustancial y la prolongación de la vida. Para muchas personas, esta Casa del Alma está conectada con las memorias del alma. La sanación de estas memorias puede suceder en un nivel muy profundo. Mientras esto sucede, la reversión de los problemas físicos a menudo ocurre a un ritmo acelerado.

La sexta Casa del Alma está en el cerebro. A medida que el alma alcanza este nivel, la conciencia se transforma. La conexión y la alineación con la conciencia divina son mucho más fuertes. La habilidad de conectar con el Mundo de las Almas crece más. A nivel físico, cuando un alma reside en el cerebro, sana y rejuvenece cada aspecto del cuerpo físico de una manera especial. El cerebro determina, direcciona o influencia cada función del cuerpo. Cuando el alma reside en el cerebro, la influencia del cerebro ha alcanzado un nivel de presencia divina y de luz.

La séptima Casa del Alma está justo por encima de la cabeza en el chakra de la corona. Esta es la posición más elevada en la posición del alma. A nivel físico, cuando tu alma reside en la séptima Casa del Alma, es porque ha alcanzado una posición en la que verdaderamente puede estar a cargo. Es capaz de direccionar cada aspecto de tu vida en una manera poderosa, incluidos los aspectos físicos, mentales, emocionales, de relaciones humanas y financieros. Es un gran honor y privilegio que tu alma pueda alcanzar esta Casa del Alma. Muy pocas personas han logrado esto mediante sus propios esfuerzos.

El Wai Jiao 外焦 es el espacio en el cuerpo en frente de la columna vertebral más la cavidad craneal. Ver la figura 15. Es el espacio más grande en el cuerpo. Debido a que todas las energías, los meridianos y los canales del cuerpo deben pasar por el Wai Jiao, el «shen qi jing» negativo en el Wai Jiao puede afectar cualquier órgano, cualquier parte del cuerpo y cualquier otro espacio. Por lo tanto, el Wai Jiao es una llave para toda sanación y transformación.

Poder y relevancia de sanar y transformar los siete chakras (Casas del Alma) y Wai Jiao

Todas las siete Casas del Alma se conectan con los aspectos de la creación, con el equilibrio del Yin Yang y con la práctica del Divino y la Fuente del

Tao. A medida que practicas con los siete chakras (Casas del Alma), estás conectándote con las viajes del alma del Divino y de todos los universos. Estás conectándote con toda la humanidad y la Madre Tierra. A medida que tu alma se mueve hacia Casas del Alma más y más elevadas, esta conexión entre tú, la humanidad, la Madre Tierra y el Divino se torna más y más concreta, práctica y real en tu vida cotidiana. Las palabras no pueden expresar por completo los beneficios que recibes. Tu práctica beneficia a la humanidad, la Madre Tierra y todos los universos.

A medida que realices las prácticas en los capítulos nueve y diez, recitar, cantar y el trazado promueven los espacios más importantes y la energía más importante, la materia y los círculos del alma y los canales en el cuerpo. Todas las energías, las materias y las almas de todos tus sistemas, órganos, células y meridianos se reunirán para unir estos importantes círculos y canales. Si este círculo de energía fluye, todos los círculos de energía le seguirán. Si este círculo de materia fluye, todos los círculos de materia le seguirán. Si este canal del alma fluye, todos los canales del alma le seguirán. Estos son los Canales Shen Qi Jing que explicaré en detalle en el capítulo diez.

Avancemos para aplicar seis técnicas sagradas del poder Tao para sanar y transformar los siete chakras de energía (Casas del Alma) y Wai Jiao. Estudia los videos que he creado para ti con mi cántico para todas las prácticas importantes en este libro. Incluso, puedes practicar junto con los videos.

Practica bien.

Experimenta la sanación y transformación.

Aplica seis técnicas sagradas del Poder del Tao para sanar los siete chakras de energía (Casas del Alma) y Wai Jiao

LOS SIETE CHAKRAS O Casas del Alma son los espacios principales dentro del cuerpo. Un cuerpo humano puede dividirse en dos partes. Una son los órganos. La otra son los espacios.

Piensa en el aire en la Madre Tierra. En algunos países o algunas partes del mundo, el aire es muy limpio. En otras partes del mundo, el aire está contaminado. El aire contaminado causa enfermedad pulmonar y muchas otras enfermedades. El aire limpio es invaluable.

En el cuerpo, limpiar los siete chakras o Casas del Alma y el Wai Jiao es, simplemente, como limpiar el aire en los espacios. Limpiar el espacio es una manera sagrada de sanar los sistemas, los órganos y las células. Esto es sabiduría invaluable para cada ser humano.

Apliquemos seis técnicas sagradas del Poder del Tao para sanar y transformar los siete chakras de energía (Casas del Alma) y Wai Jiao. Usaremos una Posición de Manos especial del Poder del Cuerpo, la Posición de Manos con Palmas Yin Yang, en las prácticas para las tres primeras Casas del Alma.

Posición de Manos con Palmas Yin Yang

Toma tu pulgar izquierdo con los dedos de la mano derecha y cierra el puño con la mano derecha. Envuelve los cuatro dedos de la mano izquierda sobre la mano derecha. Toma tu pulgar izquierdo con aproximadamente setenta y cinco a ochenta por ciento de tu fuerza máxima. Esta es la Posición de Manos con Palmas Yin Yang. Ver la figura 16.

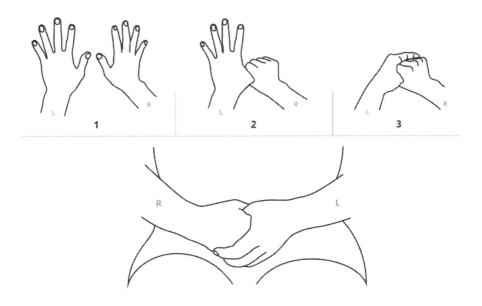

Figura 16. Posición de Manos con Palmas Yin Yang

Primer chakra o Casa del Alma

El Poder del Cuerpo. Coloca tus manos en la Posición de Manos con Palmas Yin Yang sobre la primera Casa del Alma en la parte inferior de tu torso.

El Poder del Alma. Saluda diciendo *hola* a las almas internas:

Querida alma corazón mente y cuerpo de mi primer chakra y Casa del Alma:
Los amo, los honro, los aprecio.
Tienen el poder de sanarse y transformarse a sí mismos.
Hagan un buen trabajo.
Gracias.

Saluda diciendo *hola* a las almas externas:

Querida Fuente del Tao y Querido Divino:
Queridos budas y santos (menciona los santos en los que crees)*:*
Querido Cielo, querida Madre Tierra e innumerables planetas, estrellas,
   galaxias y universos:
Los amo, los honro, los aprecio.
Por favor, perdonen a mis ancestros y a mí por todos los errores que hemos
   cometido en todas nuestras vidas, en relación con la primera Casa del Alma.
Lamento sinceramente todos estos errores.
Me disculpo desde el fondo de mi corazón con todas las almas a las que mis
   ancestros y yo lastimamos o dañamos en estas maneras.
Para ser perdonado, les serviré de manera incondicional.
Recitar y meditar es servir.
Voy a recitar y meditar lo más que pueda.
Voy a ofrecer un servicio incondicional lo más que pueda.
Perdono de manera incondicional a toda persona que me haya lastimado o
   dañado a mí o a mis ancestros en todas las vidas.
Estoy extremadamente agradecido.
Gracias.

El Poder de la Mente. Visualiza la luz dorada brillando en la primera Casa del Alma y alrededor de esta.

El Poder de la Respiración. Inhala y expande tu abdomen. Exhala y contrae tu abdomen. Asegúrate de inhalar y exhalar de manera suave, uniforme y natural. Recuerda que la duración de cada inhalación y exhalación depende de tu condición personal. Sigue el camino de la naturaleza.

El Poder del Sonido. Mientras recitamos, combinamos el Poder del Sonido con el Poder de la Respiración y una visualización más refinada del Poder de la Mente. Mira el video con mi cántico, que ha sido creado para ti para esta práctica y todas las prácticas importantes en este libro.

Paso 1

a. Inhala. Visualiza la luz dorada saliendo de tu nariz, proyectándose hacia abajo, hacia el centro de tu cuerpo mientras forma una bola, que será tu primera Casa del Alma.

b. Exhala. Recite «Hei» (se pronuncia *jei*), el sonido sagrado para la primera Casa del Alma. Al mismo tiempo, visualiza la bola de luz dorada rotando y explotando en todas las direcciones desde la primera Casa del Alma.

c. Repite los pasos 1a y 1b para un total de siete veces.

Paso 2

a. Inhala. Visualiza la luz dorada saliendo de tu nariz, proyectándose hacia abajo, hacia el centro de tu cuerpo mientras forma una bola, que será tu primera Casa del Alma.

b. Exhala. Recite «Hei Hei Hei». Visualiza la bola de luz dorada rotando y explotando en todas las direcciones desde la primera Casa del Alma.

c. Repite los pasos 2a y 2b para un total de cuatro veces.

Paso 3

a. Inhala. La misma visualización que en los pasos 1a y 2a.

b. Exhala. Recite:

Hei Ya (se pronuncia *jei ya*)
Hei Ya Hei Ya You (se pronuncia *jei ya jei ya you*)
Hei Ya Hei Ya You
Hei Ya Hei Ya Hei Ya You
Hei Ya Hei Ya Hei Ya Hei Ya You

Mientras recitas estas cinco líneas, inhala rápidamente después de cada línea y visualiza la bola de luz dorada que rota, de la siguiente manera:

Cuando recitas la línea 1, la bola de luz dorada rota desde la primera Casa del Alma hasta el Kun Gong (dentro del cuerpo, por detrás del ombligo), luego regresa de nuevo hasta la primera Casa del Alma.

Cuando recitas desde la línea 2 hasta la línea 5, la bola de luz dorada rota desde la primera Casa del Alma hasta el Kun Gong (dentro del cuerpo, por detrás del ombligo), luego regresa de nuevo hasta la primera Casa del Alma. Cuando recitas «You» en estas líneas, visualizas que la bola

dorada forma un círculo. Entra en la médula espinal a través de un orificio invisible en frente del coxis, luego fluye por la médula espinal hacia
el área occipital; finalmente, entra y atraviesa el cerebro hasta la séptima
Casa del Alma. A partir de allí, vuelve a descender dentro de tu cavidad
nasal hasta el paladar, y luego baja a través de la quinta, cuarta, tercera
y segunda Casa del Alma, de regreso a la primera Casa del Alma.

c. Repite los pasos 3a y 3b para un total de cuatro veces.

Puedes recitar fuerte o silenciosamente. Lo mejor es que hagas los cánticos
Yin y Yang cada vez que practiques.

El Poder de la Caligrafía del Tao. Traza *Da Ai*, el amor más grande, o *Da
Kuan Shu*, el perdón más grande. (Ver «Cómo encontrar otras Caligrafías
Tao con el fin de aplicar el poder de la Caligrafía del Tao» en la página 61.)

Cuando trazas, el trazado se convierte en tu Poder del Cuerpo. Puedes combinar el trazado con el Poder de la Mente, el Poder del Sonido y/o el Poder
de la Respiración si así lo deseas o, simplemente, puedes centrarte en el trazado.

Cierra. Finaliza tu sesión de práctica diciendo lo siguiente:

Hao. Hao. Hao.
Gracias. Gracias. Gracias.

Segundo chakra o Casa del Alma

El Poder del Cuerpo. Coloca tus manos en la Posición de Manos con Palmas
Yin Yang sobre la segunda Casa del Alma, en la parte más baja del abdomen, por debajo del ombligo.

El Poder del Alma. Saluda diciendo *hola* a las almas internas:

Querida alma corazón mente y cuerpo de mi segundo chakra y Casa del Alma:
Los amo, los honro, los aprecio.
Tienen el poder de sanarse y transformarse a sí mismos.
Hagan un buen trabajo.
Gracias.

Saluda diciendo *hola* a las almas externas:

Querida Fuente del Tao y Querido Divino:
Queridos budas y santos (menciona los santos en los que crees)*:*
Querido Cielo, querida Madre Tierra e innumerables planetas, estrellas,
galaxias y universos:
Los amo, los honro, los aprecio.
Por favor, perdonen a mis ancestros y a mí por todos los errores que hemos
cometido en todas nuestras vidas, en relación con la segunda Casa del
Alma.
Lamento sinceramente todos estos errores.
Me disculpo desde el fondo de mi corazón con todas las almas a las que mis
ancestros y yo lastimamos o dañamos en estas maneras.
Para ser perdonado, les serviré de manera incondicional.
Recitar y meditar es servir.
Voy a recitar y meditar lo más que pueda.
Voy a ofrecer un servicio incondicional lo más que pueda.
Perdono de manera incondicional a toda persona que me haya lastimado o
dañado a mí o a mis ancestros en todas las vidas.
Estoy extremadamente agradecido.
Gracias.

El Poder de la Mente. Visualiza la luz dorada brillando en la segunda Casa del Alma y alrededor de esta.

El Poder de la Respiración. Inhala y expande tu abdomen. Exhala y contrae tu abdomen. Asegúrate de inhalar y exhalar de manera suave, uniforme y natural. Recuerda que la duración de cada inhalación y exhalación depende de tu condición personal. Sigue el camino de la naturaleza.

El Poder del Sonido. Mientras recitamos, combinamos el Poder del Sonido con el Poder de la Respiración y una visualización más refinada del Poder de la Mente.

Paso 1

a. Inhala. Visualiza la luz dorada saliendo de tu nariz, proyectándose hacia abajo, hacia el centro de tu cuerpo mientras forma una bola, que será tu primera Casa del Alma.

b. Exhala. Recite «Heng» (se pronuncia *jang*), el sonido sagrado para la segunda Casa del Alma. Al mismo tiempo, visualiza la bola de luz dorada rotando desde la primera Casa del Alma hasta la segunda Casa del Alma, donde rota y explota en todas las direcciones.

c. Repite los pasos 1a y 1b para un total de siete veces.

Paso 2

a. Inhala. Visualiza la luz dorada saliendo de tu nariz, proyectándose hacia abajo, hacia el centro de tu cuerpo mientras forma una bola, que será tu primera Casa del Alma.

b. Exhala. Recite «Heng Heng Heng». La bola de luz dorada rota desde la primera Casa del Alma hasta la segunda Casa del Alma, donde rota y explota en todas las direcciones.

c. Repite los pasos 2a y 2b para un total de cuatro veces.

Paso 3

a. Inhala. La bola de luz dorada se forma en tu primera Casa del Alma.

b. Exhala. Recite:

Heng Ya (se pronuncia *jang ya*)
Heng Ya Heng Ya You (se pronuncia *jang ya jang ya you*)
Heng Ya Heng Ya You
Heng Ya Heng Ya Heng Ya You
Heng Ya Heng Ya Heng Ya Heng Ya You

Mientras recitas estas cinco líneas, inhala rápidamente después de cada línea y visualiza la bola de luz dorada que rota, de la siguiente manera:

Cuando recitas la línea 1, la bola de luz dorada rota desde la primera Casa del Alma mediante la segunda Casa del Alma hasta el Kun Gong y regresa de nuevo hasta la primera Casa del Alma.

Cuando recitas desde la línea 2 hasta la línea 5, la bola de luz dorada rota desde la primera Casa del Alma mediante la segunda Casa del Alma hasta el Kun Gong y regresa de nuevo hasta la primera Casa del Alma. Cuando recitas «You» en estas líneas, visualizas que la bola dorada forma un círculo. Entra en la médula espinal a través de un orificio invisible en frente del coxis, luego fluye por la médula espinal hacia el área occipital; finalmente, entra y atraviesa el cerebro hasta la séptima Casa del Alma. A partir de allí, vuelve a descender dentro de tu cavidad nasal hasta el paladar, y luego baja a través de la quinta, cuarta, tercera y segunda Casa del Alma, de regreso a la primera Casa del Alma.

c. Repite los pasos 3a y 3b para un total de cuatro veces.

Puedes recitar fuerte o silenciosamente. Lo mejor es que hagas los cánticos Yin y Yang cada vez que practiques.

El Poder de la Caligrafía del Tao. Traza *Da Ai*, el amor más grande, o *Da Kuan Shu*, el perdón más grande. (Ver «Cómo encontrar otras Caligrafías Tao con el fin de aplicar el poder de la Caligrafía del Tao» en la página 61.)

Cuando trazas, el trazado se convierte en tu Poder del Cuerpo. Puedes combinar el trazado con el Poder de la Mente, el Poder del Sonido y/o el Poder de la Respiración si así lo deseas o, simplemente, puedes centrarte en el trazado.

Cierra. Finaliza tu sesión de práctica diciendo lo siguiente:

Hao. Hao. Hao.
Gracias. Gracias. Gracias.

Tercer chakra o Casa del Alma

El Poder del Cuerpo. Coloca tus manos en la Posición de Manos con Palmas Yin Yang sobre el ombligo, que también está sobre la tercera Casa del Alma.

El Poder del Alma. Saluda diciendo *hola* a las almas internas:

Querida alma corazón mente y cuerpo de mi tercer chakra y Casa del Alma:
Los amo, los honro, los aprecio.
Tienen el poder de sanarse y transformarse a sí mismos. Hagan un buen
*   trabajo.*
Gracias.

Saluda diciendo *hola* a las almas externas:

Querida Fuente del Tao y Querido Divino:
Queridos budas y santos (menciona los santos en los que crees)*:*
Querido Cielo, querida Madre Tierra e innumerables planetas, estrellas,
*   galaxias y universos:*
Los amo, los honro, los aprecio.
Por favor, perdonen a mis ancestros y a mí por todos los errores que hemos
*   cometido en todas nuestras vidas, en relación con la tercera Casa del Alma.*
Lamento sinceramente todos estos errores.
Me disculpo desde el fondo de mi corazón con todas las almas a las que mis
*   ancestros y yo lastimamos o dañamos en estas maneras.*
Para ser perdonado, les serviré de manera incondicional.
Recitar y meditar es servir.
Voy a recitar y meditar lo más que pueda.
Voy a ofrecer un servicio incondicional lo más que pueda.
Perdono de manera incondicional a toda persona que me haya lastimado o
*   dañado a mí o a mis ancestros en todas las vidas.*
Estoy extremadamente agradecido.
Gracias.

El Poder de la Mente. Visualiza la luz dorada brillando en la tercera Casa del Alma y alrededor de esta.

El Poder de la Respiración. Inhala y expande tu abdomen. Exhala y contrae tu abdomen. Asegúrate de inhalar y exhalar de manera suave, uniforme y natural. Recuerda que la duración de cada inhalación y exhalación depende de tu condición personal. Sigue el camino de la naturaleza.

El Poder del Sonido. Mientras recitamos, combinamos el Poder del Sonido con el Poder de la Respiración y una visualización más refinada del Poder de la Mente.

Paso 1

a. Inhala. Visualiza la luz dorada saliendo de tu nariz, proyectándose hacia abajo, hacia el centro de tu cuerpo mientras forma una bola, que será tu primera Casa del Alma.

b. Exhala. Recite «Hong» (se pronuncia *jong*), el sonido sagrado para la tercera Casa del Alma. Al mismo tiempo, la bola de luz dorada rota desde la primera Casa del Alma hasta la tercera Casa del Alma, donde rota y explota en todas las direcciones.

c. Repite los pasos 1a y 1b para un total de siete veces.

Paso 2

a. Inhala. Visualiza la luz dorada saliendo de tu nariz, proyectándose hacia abajo, hacia el centro de tu cuerpo mientras forma una bola, que será tu primera Casa del Alma.

b. Exhala. Recite «Hong Hong Hong». La bola de luz dorada rota desde la primera Casa del Alma hasta la tercera Casa del Alma, donde rota y explota en todas las direcciones.

c. Repite los pasos 2a y 2b para un total de cuatro veces.

Paso 3

a. Inhala. La bola de luz dorada se forma en tu primera Casa del Alma.

b. Exhala. Recite:

Hong Ya (se pronuncia *jong ya*)
Hong Ya Hong Ya You (se pronuncia *jong ya jong ya you*)
Hong Ya Hong Ya You
Hong Ya Hong Ya Hong Ya You
Hong Ya Hong Ya Hong Ya Hong Ya You

Mientras recitas estas cinco líneas, inhala rápidamente después de cada línea y visualiza la bola de luz dorada que rota, de la siguiente manera:

Cuando recitas la línea 1, la bola de luz dorada rota desde la primera Casa del Alma mediante la segunda Casa del Alma hasta la tercera Casa del Alma, luego regresa de nuevo hasta la primera Casa del Alma.

Cuando recitas desde la línea 2 hasta la línea 5, la bola de luz dorada rota desde la primera Casa del Alma mediante la segunda Casa del Alma hasta la tercera Casa del Alma, luego regresa de nuevo hasta la primera Casa del Alma. Cuando recitas «You» en estas líneas, visualizas que la bola dorada forma un círculo. Entra en la médula espinal a través de un orificio invisible en frente del coxis, luego fluye por la médula espinal hacia el área occipital; finalmente, entra y atraviesa el cerebro hasta la séptima Casa del Alma. A partir de allí, vuelve a descender dentro de tu cavidad nasal hasta el paladar, y luego baja a través de la quinta, cuarta, tercera y segunda Casa del Alma, de regreso a la primera Casa del Alma.

c. Repite los pasos 3a y 3b para un total de cuatro veces.

Puedes recitar fuerte o silenciosamente. Lo mejor es que hagas los cánticos Yin y Yang cada vez que practiques.

El Poder de la Caligrafía del Tao. Traza *Da Ai*, el amor más grande, o *Da Kuan Shu*, el perdón más grande. (Ver «Cómo encontrar otras Caligrafías Tao con el fin de aplicar el poder de la Caligrafía del Tao» en la página 61.)

Cuando trazas, el trazado se convierte en tu Poder del Cuerpo. Puedes combinar el trazado con el Poder de la Mente, el Poder del Sonido y/o el Poder de la Respiración si así lo deseas o, simplemente, puedes centrarte en el trazado.

Cierra. Finaliza tu sesión de práctica diciendo lo siguiente:

Hao. Hao. Hao.
Gracias. Gracias. Gracias.

Cuarto chakra o Casa del Alma

El Poder del Cuerpo. Coloca la palma de una mano debajo del ombligo. Coloca la palma de la otra mano en tu Centro de Mensajes.

El Poder del Alma. Saluda diciendo *hola* a las almas internas:

Querida alma corazón mente y cuerpo de mi cuarta Casa del Alma:
Los amo, los honro, los aprecio.
Tienen el poder de sanarse y transformarse a sí mismos.
Hagan un buen trabajo.
Gracias.

Saluda diciendo *hola* a las almas externas:

Querida Fuente del Tao y Querido Divino:
Queridos budas y santos (menciona los santos en los que crees)*:*

Querido Cielo, querida Madre Tierra e innumerables planetas, estrellas,
*   galaxias y universos:*
Los amo, los honro, los aprecio.
Por favor, perdonen a mis ancestros y a mí por todos los errores que hemos
*   cometido en todas nuestras vidas, en relación con la cuarta Casa del Alma.*
Lamento sinceramente todos estos errores.
Me disculpo desde el fondo de mi corazón con todas las almas a las que mis
*   ancestros y yo lastimamos o dañamos en estas maneras.*
Para ser perdonado, les serviré de manera incondicional.
Recitar y meditar es servir.
Voy a recitar y meditar lo más que pueda.
Voy a ofrecer un servicio incondicional lo más que pueda.
Perdono de manera incondicional a toda persona que me haya lastimado o
*   dañado a mí o a mis ancestros en todas las vidas.*
Estoy extremadamente agradecido.
Gracias.

El Poder de la Mente. Visualiza la luz dorada brillando en la cuarta Casa del Alma y alrededor de esta.

El Poder de la Respiración. Inhala y expande tu abdomen. Exhala y contrae tu abdomen. Asegúrate de inhalar y exhalar de manera suave, uniforme y natural. Recuerda que la duración de cada inhalación y exhalación depende de tu condición personal. Sigue el camino de la naturaleza.

El Poder del Sonido. Mientras recitamos, combinamos el Poder del Sonido con el Poder de la Respiración y una visualización más refinada del Poder de la Mente.

Paso 1

a. Inhala. Visualiza la luz dorada saliendo de tu nariz, proyectándose hacia abajo, hacia el centro de tu cuerpo mientras forma una bola, que será tu primera Casa del Alma.

b. Exhala. Recite «Ah», que es el sonido sagrado para la cuarta Casa del Alma. Al mismo tiempo, la bola de luz dorada rota desde la primera Casa del Alma hasta la cuarta Casa del Alma, donde rota y explota en todas las direcciones.

c. Repite los pasos 1a y 1b para un total de siete veces.

Paso 2

a. Inhala. Visualiza la luz dorada saliendo de tu nariz, proyectándose hacia abajo, hacia el centro de tu cuerpo mientras forma una bola, que será tu primera Casa del Alma.

b. Exhala. Recite «Ah Ah Ah». La bola de luz dorada rota desde la primera Casa del Alma mediante la segunda y tercera Casas del Alma hasta la cuarta Casa del Alma, donde rota y explota en todas las direcciones.

c. Repite los pasos 2a y 2b para un total de cuatro veces.

Paso 3

a. Inhala. La bola de luz dorada se forma en tu primera Casa del Alma.

b. Exhala. Recite:

Ah Ya (se pronuncia *a ya*)
Ah Ya Ah Ya You (se pronuncia *a ya a ya you*)
Ah Ya Ah Ya You
Ah Ya Ah Ya Ah Ya You
Ah Ya Ah Ya Ah Ya Ah Ya You

Mientras recitas estas cinco líneas, inhala rápidamente después de cada línea y visualiza la bola de luz dorada que rota, de la siguiente manera:

Cuando recitas la línea 1, la bola de luz dorada rota desde la primera Casa del Alma hasta la cuarta Casa del Alma, luego regresa de nuevo mediante el Kun Gong hasta la primera Casa del Alma.

Cuando recitas desde la línea 2 hasta la línea 5, la bola de luz dorada rota desde la primera Casa del Alma hasta la cuarta Casa del Alma, luego regresa de nuevo mediante el Kun Gong hasta la primera Casa del Alma. Cuando recitas «You» en estas líneas, visualizas que la bola dorada forma un círculo. Entra en la médula espinal a través de un orificio invisible en frente del coxis, luego fluye por la médula espinal hacia el área occipital; finalmente, entra y atraviesa el cerebro hasta la séptima Casa del Alma. A partir de allí, vuelve a descender dentro de tu cavidad nasal hasta el paladar, y luego baja a través de la quinta, cuarta, tercera y segunda Casa del Alma, de regreso a la primera Casa del Alma.

c. Repite los pasos 3a y 3b para un total de cuatro veces.

Puedes recitar fuerte o silenciosamente. Lo mejor es que hagas los cánticos Yin y Yang cada vez que practiques.

El Poder de la Caligrafía del Tao. Traza *Da Ai*, el amor más grande, o *Da Kuan Shu*, el perdón más grande. (Ver «Cómo encontrar otras Caligrafías Tao con el fin de aplicar el poder de la Caligrafía del Tao» en la página 61.)

Cuando trazas, el trazado se convierte en tu Poder del Cuerpo. Puedes combinar el trazado con el Poder de la Mente, el Poder del Sonido y/o el Poder de la Respiración si así lo deseas o, simplemente, puedes centrarte en el trazado.

Cierra. Finaliza tu sesión de práctica diciendo lo siguiente:

Hao. Hao. Hao.
Gracias. Gracias. Gracias.

Quinto chakra o Casa del Alma

El Poder del Cuerpo. Coloca la palma de una mano debajo del ombligo. Coloca la palma de la otra mano sobre tu garganta, sobre la quinta Casa del Alma.

El Poder del Alma. Saluda diciendo *hola* a las almas internas:

Querida alma corazón mente y cuerpo de mi quinta Casa del Alma:
Los amo, los honro, los aprecio.
Tienen el poder de sanarse y transformarse a sí mismos.
Hagan un buen trabajo.
Gracias.

Saluda diciendo *hola* a las almas externas:

Querida Fuente del Tao y Querido Divino:
Queridos budas y santos (menciona los santos en los que crees):
Querido Cielo, querida Madre Tierra e innumerables planetas, estrellas,
*   galaxias y universos:*
Los amo, los honro, los aprecio.

Por favor, perdonen a mis ancestros y a mí por todos los errores que hemos
    cometido en todas nuestras vidas, en relación con la quinta Casa del Alma.
Lamento sinceramente todos estos errores.
Me disculpo desde el fondo de mi corazón con todas las almas a las que mis
    ancestros y yo lastimamos o dañamos en estas maneras.
Para ser perdonado, les serviré de manera incondicional.
Recitar y meditar es servir.
Voy a recitar y meditar lo más que pueda.
Voy a ofrecer un servicio incondicional lo más que pueda.
Perdono de manera incondicional a toda persona que me haya lastimado o
    dañado a mí o a mis ancestros en todas las vidas.
Estoy extremadamente agradecido.
Gracias.

El Poder de la Mente. Visualiza la luz dorada brillando en la quinta Casa
del Alma y alrededor de esta.

El Poder de la Respiración. Inhala y expande tu abdomen. Exhala y contrae
tu abdomen. Asegúrate de inhalar y exhalar de manera suave, uniforme y
natural. Recuerda que la duración de cada inhalación y exhalación depende
de tu condición personal. Sigue el camino de la naturaleza.

El Poder del Sonido. Mientras recitamos, combinamos el Poder del Sonido
con el Poder de la Respiración y una visualización más refinada del Poder
de la Mente.

Paso 1

a. Inhala. Visualiza la luz dorada saliendo de tu nariz, proyectándose hacia
    abajo, hacia el centro de tu cuerpo mientras forma una bola, que será tu
    primera Casa del Alma.

b. Exhala. Recite «Xi» (se pronuncia *shi*), el sonido sagrado para la quinta
    Casa del Alma. Al mismo tiempo, la bola de luz dorada rota desde la
    primera Casa del Alma hasta la quinta Casa del Alma, donde rota y ex-
    plota en todas las direcciones.

c. Repite los pasos 1a y 1b para un total de siete veces.

Paso 2

a. Inhala. Visualiza la luz dorada saliendo de tu nariz, proyectándose hacia abajo, hacia el centro de tu cuerpo mientras forma una bola, que será tu primera Casa del Alma.

b. Exhala. Recite «Xi Xi Xi». La bola de luz dorada rota desde la primera Casa del Alma mediante la segunda, tercera y cuarta Casas del Alma hasta la quinta Casa del Alma, donde rota y explota en todas las direcciones.

c. Repite los pasos 2a y 2b para un total de cuatro veces.

Paso 3

a. Inhala. La bola de luz dorada se forma en tu primera Casa del Alma.

b. Exhala. Recite:

Xi Ya (se pronuncia *shi ya*)
Xi Ya Xi Ya You (se pronuncia *shi ya shi ya you*)
Xi Ya Xi Ya You
Xi Ya Xi Ya Xi Ya You
Xi Ya Xi Ya Xi Ya Xi Ya You

Mientras recitas estas cinco líneas, inhala rápidamente después de cada línea y visualiza la bola de luz dorada que rota, de la siguiente manera:

Cuando recitas la línea 1, la bola de luz dorada rota desde la primera Casa del Alma hasta la quinta Casa del Alma, luego regresa de nuevo mediante el Kun Gong hasta la primera Casa del Alma.

Cuando recitas desde la línea 2 hasta la línea 5, la bola de luz dorada rota desde la primera Casa del Alma hasta la quinta Casa del Alma, luego regresa de nuevo mediante el Kun Gong hasta la primera Casa del Alma. Cuando recitas «You» en estas líneas, visualizas que la bola dorada forma un círculo. Entra en la médula espinal a través de un orificio invisible en frente del coxis, luego fluye por la médula espinal hacia el área occipital; finalmente, entra y atraviesa el cerebro hasta la séptima Casa del Alma. A partir de allí, vuelve a descender dentro de tu cavidad nasal hasta el paladar, y luego baja a través de la quinta, cuarta, tercera y segunda Casa del Alma, de regreso a la primera Casa del Alma.

c. Repite los pasos 3a y 3b para un total de cuatro veces.

Puedes recitar fuerte o silenciosamente. Lo mejor es que hagas los cánticos Yin y Yang cada vez que practiques.

El Poder de la Caligrafía del Tao. Traza *Da Ai*, el amor más grande, o *Da Kuan Shu*, el perdón más grande. (Ver «Cómo encontrar otras Caligrafías Tao con el fin de aplicar el poder de la Caligrafía del Tao» en la página 61.)

Cuando trazas, el trazado se convierte en tu Poder del Cuerpo. Puedes combinar el trazado con el Poder de la Mente, el Poder del Sonido y/o el Poder de la Respiración si así lo deseas o, simplemente, puedes centrarte en el trazado.

Cierra. Finaliza tu sesión de práctica diciendo lo siguiente:

Hao. Hao. Hao.
Gracias. Gracias. Gracias.

Sexto chakra o Casa del Alma

El Poder del Cuerpo. Coloca la palma de una mano debajo del ombligo. Coloca la palma de la otra mano sobre tu frente, sobre la sexta Casa del Alma.

El Poder del Alma. Saluda diciendo *hola* a las almas internas:

Querida alma corazón mente y cuerpo de mi sexta Casa del Alma:
Los amo, los honro, los aprecio.
Tienen el poder de sanarse y transformarse a sí mismos.
Hagan un buen trabajo.
Gracias.

Saluda diciendo *hola* a las almas externas:

Querida Fuente del Tao y Querido Divino:
Queridos budas y santos (menciona los santos en los que crees)*:*
Querido Cielo, querida Madre Tierra e innumerables planetas, estrellas,
    galaxias y universos:
Los amo, los honro, los aprecio.

*Por favor, perdonen a mis ancestros y a mí por todos los errores que hemos
cometido en todas nuestras vidas, en relación con la sexta Casa del Alma.
Lamento sinceramente todos estos errores.
Me disculpo desde el fondo de mi corazón con todas las almas a las que mis
ancestros y yo lastimamos o dañamos en estas maneras.
Para ser perdonado, les serviré de manera incondicional.
Recitar y meditar es servir.
Voy a recitar y meditar lo más que pueda.
Voy a ofrecer un servicio incondicional lo más que pueda.
Perdono de manera incondicional a toda persona que me haya lastimado o
dañado a mí o a mis ancestros en todas las vidas.
Estoy extremadamente agradecido.
Gracias.*

El Poder de la Mente. Visualiza la luz dorada brillando en la sexta Casa del Alma y alrededor de esta.

El Poder de la Respiración. Inhala y expande tu abdomen. Exhala y contrae tu abdomen. Asegúrate de inhalar y exhalar de manera suave, uniforme y natural. Recuerda que la duración de cada inhalación y exhalación depende de tu condición personal. Sigue el camino de la naturaleza.

El Poder del Sonido. Mientras recitamos, combinamos el Poder del Sonido con el Poder de la Respiración y una visualización más refinada del Poder de la Mente.

Paso 1

a. Inhala. Visualiza la luz dorada saliendo de tu nariz, proyectándose hacia abajo, hacia el centro de tu cuerpo mientras forma una bola, que será tu primera Casa del Alma.

b. Exhala. Recite «Yi» (se pronuncia *yi*), el sonido sagrado para la sexta Casa del Alma. Al mismo tiempo, la bola de luz dorada rota desde la primera Casa del Alma hasta la sexta Casa del Alma, donde rota y explota en todas las direcciones.

c. Repite los pasos 1a y 1b para un total de siete veces.

Paso 2

a. Inhala. Visualiza la luz dorada saliendo de tu nariz, proyectándose hacia abajo, hacia el centro de tu cuerpo mientras forma una bola, que será tu primera Casa del Alma.

b. Exhala. Recite «Yi Yi Yi». La bola de luz dorada rota desde la primera Casa del Alma mediante la segunda, tercera, cuarta y quinta Casas del Alma hasta la sexta Casa del Alma, donde rota y explota en todas las direcciones.

c. Repite los pasos 2a y 2b para un total de cuatro veces.

Paso 3

a. Inhala. La bola de luz dorada se forma en tu primera Casa del Alma.

b. Exhala. Recite:

Yi Ya (se pronuncia *yi ya*)
Yi Ya Yi Ya You (se pronuncia *yi ya yi ya you*)
Yi Ya Yi Ya You
Yi Ya Yi Ya Yi Ya You
Yi Ya Yi Ya Yi Ya Yi Ya You

Mientras recitas estas cinco líneas, inhala rápidamente después de cada línea y visualiza la bola de luz dorada que rota, de la siguiente manera:

Cuando recitas la línea 1, la bola de luz dorada rota desde la primera Casa del Alma hasta la sexta Casa del Alma, luego regresa de nuevo mediante el Kun Gong hasta la primera Casa del Alma.

Cuando recitas desde la línea 2 hasta la línea 5, la bola de luz dorada rota desde la primera Casa del Alma hasta la sexta Casa del Alma, luego regresa de nuevo mediante el Kun Gong hasta la primera Casa del Alma. Cuando recitas «You» en estas líneas, visualizas que la bola dorada forma un círculo. Entra en la médula espinal a través de un orificio invisible en frente del coxis, luego fluye por la médula espinal hacia el área occipital; finalmente, entra y atraviesa el cerebro hasta la séptima Casa del Alma. A partir de allí, vuelve a descender dentro de tu cavidad nasal hasta el paladar, y luego baja a través de la quinta, cuarta, tercera y segunda Casa del Alma, de regreso a la primera Casa del Alma.

c. Repite los pasos 3a y 3b para un total de cuatro veces.

Puedes recitar fuerte o silenciosamente. Lo mejor es que hagas los cánticos Yin y Yang cada vez que practiques.

El Poder de la Caligrafía del Tao. Traza *Da Ai*, el amor más grande, o *Da Kuan Shu*, el perdón más grande. (Ver «Cómo encontrar otras Caligrafías Tao con el fin de aplicar el poder de la Caligrafía del Tao» en la página 61.)

Cuando trazas, el trazado se convierte en tu Poder del Cuerpo. Puedes combinar el trazado con el Poder de la Mente, el Poder del Sonido y/o el Poder de la Respiración si así lo deseas o, simplemente, puedes centrarte en el trazado.

Cierra. Finaliza tu sesión de práctica diciendo lo siguiente:

> *Hao. Hao. Hao.*
> *Gracias. Gracias. Gracias.*

Séptimo chakra o Casa del Alma

El Poder del Cuerpo. Coloca la palma de una mano debajo del ombligo. Coloca la palma de la otra mano sobre el punto de acupuntura Bai Hui, en la parte superior de la cabeza.

El Poder del Alma. Saluda diciendo *hola* a las almas internas:

> *Querida alma corazón mente y cuerpo de mi séptima Casa del Alma:*
> *Los amo, los honro, los aprecio.*
> *Tienen el poder de sanarse y transformarse a sí mismos.*
> *Hagan un buen trabajo.*
> *Gracias.*

Saluda diciendo *hola* a las almas externas:

> *Querida Fuente del Tao y Querido Divino:*
> *Queridos budas y santos* (menciona los santos en los que crees)*:*
> *Querido Cielo, querida Madre Tierra e innumerables planetas, estrellas,*
> *galaxias y universos:*
> *Los amo, los honro, los aprecio.*

*Por favor, perdonen a mis ancestros y a mí por todos los errores que hemos
cometido en todas nuestras vidas, en relación con la séptima Casa del Alma.
Lamento sinceramente todos estos errores.
Me disculpo desde el fondo de mi corazón con todas las almas a las que mis
ancestros y yo lastimamos o dañamos en estas maneras.
Para ser perdonado, les serviré de manera incondicional.
Recitar y meditar es servir.
Voy a recitar y meditar lo más que pueda.
Voy a ofrecer un servicio incondicional lo más que pueda.
Perdono de manera incondicional a toda persona que me haya lastimado o
dañado a mí o a mis ancestros en todas las vidas.
Estoy extremadamente agradecido.
Gracias.*

El Poder de la Mente. Visualiza la luz dorada brillando en la séptima Casa
del Alma y alrededor de esta.

El Poder de la Respiración. Inhala y expande tu abdomen. Exhala y contrae
tu abdomen. Asegúrate de inhalar y exhalar de manera suave, uniforme y
natural. Recuerda que la duración de cada inhalación y exhalación depende
de tu condición personal. Sigue el camino de la naturaleza.

El Poder del Sonido. Mientras recitamos, combinamos el Poder del Sonido
con el Poder de la Respiración y una visualización más refinada del Poder
de la Mente.

Paso 1

a. Inhala. Visualiza la luz dorada saliendo de tu nariz, proyectándose hacia
abajo, hacia el centro de tu cuerpo mientras forma una bola, que será tu
primera Casa del Alma.

b. Exhala. Recite «Weng» (se pronuncia *wong*), el sonido sagrado para la
séptima Casa del Alma. Al mismo tiempo, la bola de luz dorada rota
desde la primera Casa del Alma hasta la séptima Casa del Alma, donde
rota y explota en todas las direcciones.

c. Repite los pasos 1a y 1b para un total de siete veces.

Paso 2

a. Inhala. Visualiza la luz dorada saliendo de tu nariz, proyectándose hacia abajo, hacia el centro de tu cuerpo mientras forma una bola, que será tu primera Casa del Alma.

b. Exhala. Recite «Weng Weng Weng». La bola de luz dorada rota desde la primera Casa del Alma mediante la segunda, tercera, cuarta, quinta y sexta Casas del Alma hasta la séptima Casa del Alma, donde rota y explota en todas las direcciones.

c. Repite los pasos 2a y 2b para un total de cuatro veces.

Paso 3

a. Inhala. La bola de luz dorada se forma en tu primera Casa del Alma.

b. Exhala. Recite:

Weng Ya (se pronuncia *wong ya*)
Weng Ya Weng Ya You (se pronuncia *wong ya wong ya you*)
Weng Ya Weng Ya You
Weng Ya Weng Ya Weng Ya You
Weng Ya Weng Ya Weng Ya Weng Ya You

Mientras recitas estas cinco líneas, inhala rápidamente después de cada línea y visualiza la bola de luz dorada que rota, de la siguiente manera:

Cuando recitas la línea 1, la bola de luz dorada rota desde la primera Casa del Alma hasta la séptima Casa del Alma, luego regresa de nuevo mediante el Kun Gong hasta la primera Casa del Alma.

Cuando recitas desde la línea 2 hasta la línea 5, la bola de luz dorada rota desde la primera Casa del Alma hasta la séptima Casa del Alma, luego regresa de nuevo mediante el Kun Gong hasta la primera Casa del Alma. Cuando recitas «You» en estas líneas, visualizas que la bola dorada forma un círculo. Entra en la médula espinal a través de un orificio invisible en frente del coxis, luego fluye por la médula espinal hacia el área occipital; finalmente, entra y atraviesa el cerebro hasta la séptima Casa del Alma. A partir de allí, vuelve a descender dentro de tu cavidad nasal hasta el paladar, y luego baja a través de la quinta, cuarta, tercera y segunda Casa del Alma, de regreso a la primera Casa del Alma.

c. Repite los pasos 3a y 3b para un total de cuatro veces.

Puedes recitar fuerte o silenciosamente. Lo mejor es que hagas los cánticos Yin y Yang cada vez que practiques.

El Poder de la Caligrafía del Tao. Traza *Da Ai*, el amor más grande, o *Da Kuan Shu*, el perdón más grande. (Ver «Cómo encontrar otras Caligrafías Tao con el fin de aplicar el poder de la Caligrafía del Tao» en la página 61.)

Cuando trazas, el trazado se convierte en tu Poder del Cuerpo. Puedes combinar el trazado con el Poder de la Mente, el Poder del Sonido y/o el Poder de la Respiración si así lo deseas o, simplemente, puedes centrarte en el trazado.

Cierra. Finaliza tu sesión de práctica diciendo lo siguiente:

Hao. Hao. Hao.
Gracias. Gracias. Gracias.

Wai Jiao

El Poder del Cuerpo. Coloca la palma de una mano debajo del ombligo. Coloca la palma de la otra mano sobre el punto de acupuntura Ming Men, en la parte trasera directamente detrás del ombligo.

El Poder del Alma. Saluda diciendo *hola* a las almas internas:

Querida alma corazón mente y cuerpo de mi Wai Jiao (se pronuncia *wai lliaou*):
Los amo, los honro, los aprecio.
Tienen el poder de sanarse y transformarse a sí mismos.
Hagan un buen trabajo.
Gracias.

Saluda diciendo *hola* a las almas externas:

Querida Fuente del Tao y Querido Divino:
Queridos budas y santos (menciona los santos en los que crees):
Querido Cielo, querida Madre Tierra e innumerables planetas, estrellas, galaxias y universos:

Los amo, los honro, los aprecio.

Por favor, perdonen a mis ancestros y a mí por todos los errores que hemos cometido en todas nuestras vidas, en relación con el Wai Jiao.

Lamento sinceramente todos estos errores.

Me disculpo desde el fondo de mi corazón con todas las almas a las que mis ancestros y yo lastimamos o dañamos en estas maneras.

Para ser perdonado, les serviré de manera incondicional.

Recitar y meditar es servir.

Voy a recitar y meditar lo más que pueda.

Voy a ofrecer un servicio incondicional lo más que pueda.

Perdono de manera incondicional a toda persona que me haya lastimado o dañado a mí o a mis ancestros en todas las vidas.

Estoy extremadamente agradecido.

Gracias.

El Poder de la Mente. Visualiza la luz dorada brillando en el Wai Jiao y alrededor de este.

El Poder de la Respiración. Inhala y expande tu abdomen. Exhala y contrae tu abdomen. Asegúrate de inhalar y exhalar de manera suave, uniforme y natural. Recuerda que la duración de cada inhalación y exhalación depende de tu condición personal. Sigue el camino de la naturaleza.

El Poder del Sonido. Mientras recitamos, combinamos el Poder del Sonido con el Poder de la Respiración y una visualización más refinada del Poder de la Mente.

Paso 1

a. Inhala. Visualiza la luz dorada saliendo de tu nariz, proyectándose hacia abajo, hacia el centro de tu cuerpo mientras forma una bola, que será tu primera Casa del Alma.

b. Exhala. Recite «You», el sonido sagrado del Wai Jiao y el punto Ming Men. Al mismo tiempo, la bola de luz dorada rota desde la primera Casa del Alma hasta el punto Ming Men, donde rota y explota.

c. Repite los pasos 1a y 1b para un total de siete veces.

Paso 2

a. Inhala. Visualiza la luz dorada saliendo de tu nariz, proyectándose hacia abajo, hacia el centro de tu cuerpo mientras forma una bola, que será tu primera Casa del Alma.

b. Exhala. Recite «You You You». La bola de luz dorada rota desde la primera Casa del Alma hasta el punto Ming Men, donde rota y explota.

c. Repite los pasos 2a y 2b para un total de cuatro veces.

Paso 3

a. Inhala. La bola de luz dorada se forma en tu primera Casa del Alma.

b. Exhala. Recite:

You Ya (se pronuncia *you ya*)
You Ya You Ya You (se pronuncia *you ya you ya you*)
You Ya You Ya You
You Ya You Ya You Ya You
You Ya You Ya You Ya You Ya You

Mientras recitas estas cinco líneas, inhala rápidamente después de cada línea y visualiza la bola de luz dorada que rota, de la siguiente manera:

Cuando recitas la línea 1, la bola de luz dorada rota desde la primera Casa del Alma hasta el punto Ming Men, luego hasta el Kun Gong y regresa de nuevo hasta la primera Casa del Alma.

Cuando recitas desde la línea 2 hasta la línea 5, la bola de luz dorada rota desde la primera Casa del Alma hasta el punto Ming Men, luego hasta el Kun Gong y regresa de nuevo hasta la primera Casa del Alma. Cuando recitas «You» al finalizar estas líneas, visualizas que la bola dorada forma un círculo. Desde la primera Casa del Alma, entra en la médula espinal a través de un orificio invisible en frente del coxis, luego fluye por la médula espinal hacia el área occipital; finalmente, entra y atraviesa el cerebro hasta la séptima Casa del Alma. A partir de allí, vuelve a descender dentro de tu cavidad nasal hasta el paladar, y luego baja a través de la quinta, cuarta, tercera y segunda Casa del Alma, de regreso a la primera Casa del Alma.

c. Repite los pasos 3a y 3b para un total de cuatro veces.

Puedes recitar fuerte o silenciosamente. Lo mejor es que hagas los cánticos Yin y Yang cada vez que practiques.

El Poder de la Caligrafía del Tao. Traza *Da Ai*, el amor más grande, o *Da Kuan Shu*, el perdón más grande. (Ver «Cómo encontrar otras Caligrafías Tao con el fin de aplicar el poder de la Caligrafía del Tao» en la página 61.)

Cuando trazas, el trazado se convierte en tu Poder del Cuerpo. Puedes combinar el trazado con el Poder de la Mente, el Poder del Sonido y/o el Poder de la Respiración si así lo deseas o, simplemente, puedes centrarte en el trazado.

Cierra. Finaliza tu sesión de práctica diciendo lo siguiente:

Hao. Hao. Hao.
Gracias. Gracias. Gracias.

ॐ ॐ ॐ

Este capítulo ha compartido las prácticas sagradas para sanar y transformar los siete chakras (Casas del Alma) y el Wai Jiao, al aplicar las seis técnicas sagradas del Poder del Tao.

Practica. Practica. Practica.

Experimenta la transformación.

Canales Shen Qi Jing

COMO LA LEY DE Shen Qi Jing nos cuenta, todos y todo está hecho de «shen qi jing». En el cuerpo humano, hay un canal principal para cada uno de estos tres componentes de un ser. El Canal Shen es el canal principal del alma. El Canal Qi es el principal canal energético. El Canal Jing es el canal principal de la materia. Dado que el «shen qi jing» de un ser está interconectado e interrelacionado, los tres juegan un papel fundamental en la sanación y la transformación. Limpiar, purificar, fortalecer, empoderar e iluminar los Canales del Shen Qi Jing para sanar y transformar cada aspecto de la vida.

Canal Qi

El Canal Qi es el principal canal energético en un cuerpo humano. Ver la figura 17.

El Canal Qi comienza en el punto de acupuntura Hui Yin en el perineo, en la base de la primera Casa del Alma. Se mueve hacia el canal central del cuerpo mediante la segunda, tercera, cuarta, quinta y sexta Casas del Alma hasta el punto de acupuntura Bai Hui en la corona de la cabeza y en la base de la séptima Casa del Alma. Desde allí, el Canal Qi gira hacia abajo mediante el Wai Jiao y regresa hasta la primera Casa del Alma. El Wai Jiao es el espacio en frente de la columna vertebral más el espacio en la cabeza. Es el espacio más grande en el cuerpo. Ver la figura 15 en la página 92.

Observa que el Canal Qi es unidireccional. El flujo adecuado de qi en este canal es en la dirección descrita anteriormente e indicado por las puntas de flecha en la figura 17.

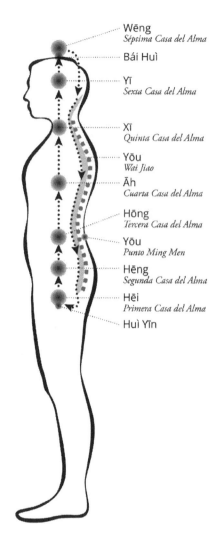

Figura 17. Canal Qi

El Canal Qi es la clave para alcanzar la sanación de todas las enfermedades.

El mantra sagrado y secreto del Canal Qi es:

Hei Heng Hong Ah Xi Yi Weng You
嘿哼哄啊唏噫嗡呦

El Canal Qi es el camino de las siete Casas del Alma, el San Jiao y el Wai Jiao. Hei Heng Hong Ah Xi Yi Weng You reúne todos los mantras secretos en el camino. Por lo tanto, este mantra no solo purifica y remueve los bloqueos «shen qi jing» del Canal Qi, sino que también remueve los bloqueos «shen qi jing» de cada Casa del Alma, el San Jiao y el Wai Jiao. Cuanto más recitas este mantra, más son los beneficios que recibirás en este camino.

Canal Jing

El Canal Jing es el canal principal de la materia en un cuerpo humano. Se mueve en la dirección inversa del Canal Qi. Ver la figura 18.

Al igual que el canal Qi, el canal Jing también comienza en el punto de acupuntura Hui Yin en el perineo, pero luego se mueve hacia arriba y hacia atrás hasta el coxis, atraviesa un agujero invisible en el coxis y se conecta con la médula espinal. Luego sube a través de la médula espinal hasta el cerebro y hasta el punto de acupuntura Bai Hui en la corona de la cabeza. Desde allí fluye por el canal central a través de las Casas del Alma sexta, quinta, cuarta, tercera, segunda y primera, regresando al punto de acupuntura Hui Yin.

El Canal Jing es la clave del rejuvenecimiento y la longevidad.

El mantra sagrado y secreto del Canal Jing es:

You Weng Yi Xi Ah Hong Heng Hei
呦嗡噎唏啊哄哼嘿

Cuando recitas *You Weng Yi Xi Ah Hong Heng Hei*, estás limpiando el camino sagrado para alcanzar el rejuvenecimiento y la longevidad. Debido a que el Canal Qi y el Canal Jing tienen vías similares, el mantra sagrado del Canal Jing también puede remover aún más los bloqueos «shen qi jing» y fortalecer cada Casa del Alma, el San Jiao y el Wai Jiao. Por lo tanto, recita más el mantra del Canal Jing para recibir más beneficios en estos espacios vitales del cuerpo.

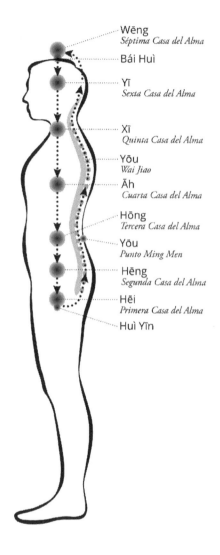

Wēng
Séptima Casa del Alma

Bái Huì

Yī
Sexta Casa del Alma

Xī
Quinta Casa del Alma

Yōu
Wai Jiao

Āh
Cuarta Casa del Alma

Hōng
Tercera Casa del Alma

Yōu
Punto Ming Men

Hēng
Segunda Casa del Alma

Hēi
Primera Casa del Alma

Huì Yīn

Figura 18. Canal Jing

Canal Shen

El Canal Shen es el camino de la inmortalidad. Comienza de manera simultánea en dos puntos: (1) el punto de acupuntura Bai Hui en la base de la séptima Casa del Alma y (2) el punto de acupuntura Hui Yin en la base de la primera Casa del Alma. Ver la figura 19.

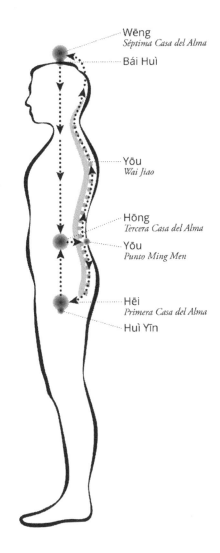

Figura 19. Canal Shen

Los puntos de acupuntura Bai Hui y Hui Yin son, respectivamente, los puntos en que todos el Yang y todos el Yin se reúnen en el cuerpo. Como has aprendido en el capítulo anterior, los mantras secretos para estos dos puntos y las Casas del Alma que ellos soportan son Weng y Hei, respectivamente.

Desde el punto Bai Hui en la parte superior de la cabeza y el punto Hui Yin en la base del torso, el Canal Shen fluye a través del canal central hacia abajo desde la séptima Casa del Alma y, al mismo tiempo, desde la primera Casa del Alma con el fin de encontrarse detrás del ombligo en la tercera Casa del Alma con el mantra secreto Hong. Desde allí, fluye como uno directamente de regreso al punto de acupuntura Ming Men[21] donde luego se divide. Una parte va directamente a la médula espinal y asciende, regresando hasta el punto de acupuntura Bai Hui. La otra parte va directamente a la médula espinal y desciende, regresando al punto de acupuntura Hui Yin, todos con el mantra secreto You.

Por lo tanto, el mantra sagrado y secreto del Canal Shen es:

Weng Hei Hong You
嗡嘿哄呦

El mantra secreto Weng se conecta con el Cielo. El mantra secreto Hei se conecta con la Madre Tierra. El mantra secreto Hong se conecta con un ser humano. El mantra secreto You se conecta con Tao. Cuando recitas *Weng Hei Hong You*, el «shen qi jing» del Cielo, la Madre Tierra, el ser humano y el Tao se unirán en uno. Cuando ren di tian Dao (ser *humano, Madre Tierra, Cielo, Tao*) se unen en uno, uno alcanza la inmortalidad. Por lo tanto, este mantra sagrado es para practicar para alcanzar la inmortalidad.

Poder y relevancia de los Canales Shen Qi Jing

Voy a resumir el poder y la relevancia de estos tres canales.

- El Canal Qi es para sanar todas las enfermedades.
- El Canal Jing es para el rejuvenecimiento y la longevidad.
- El Canal Shen es para la inmortalidad.

Cuando practicas con los Canales Shen Qi Jing, no hay límites. Puedes practicar con cada canal durante unos minutos cada vez. Puedes practicar con cada canal durante treinta minutos, una hora o, incluso, más tiempo. Cuanto más practiques, mayores serán los beneficios que podrías recibir.

---

[21] «Ming» significa *vida*. «Men» significa *puerta*. El punto de acupunctura Ming Men es la «puerta de la vida». Se ubica en la espalda, directamente detrás del ombligo. Ver la figura 15 en la página 92.

Practica. Practica. Practica.

Experiméntalo. Experiméntalo. Experiméntalo.

Apliquemos las seis técnicas sagradas del Poder del Tao para sanar y transformar los Canales Shen Qi Jing.

Practica con los Canales Shen Qi Jing para sanar y transformar

El Poder del Cuerpo. Coloca tus manos en la Posición de Manos con Palmas Yin Yang en la parte más baja de tu abdomen, por debajo del ombligo. Ver la figura 16 en la página 98.

El Poder del Alma. Saluda diciendo *hola* a las almas internas:

Querida alma corazón mente y cuerpo de mis Canales Shen Qi Jing:
Los amo, los honro, los aprecio.
Tienen el poder de purificar y remover mis bloqueos de «shen qi jing» para
*   alcanzar la sanación, el rejuvenecimiento y prolongar la vida y desarrollar*
*   sabiduría en cada aspecto de mi vida.*
Tienen el poder de abrirse y desarrollarse a sí mismos por completo.
Hagan un buen trabajo.
Gracias por bendecirme.
Me siento muy agradecido.

Saluda diciendo *hola* a las almas externas:

Querida Fuente del Tao y Querido Divino:
Queridos budas y santos (menciona los santos en los que crees):
Querido Cielo, querida Madre Tierra e innumerables planetas, estrellas,
*   galaxias y universos:*
Los amo, los honro, los aprecio.
Por favor, perdonen a mis ancestros y a mí por todos los errores que hemos
*   cometido en todas nuestras vidas, en relación con los Canales Shen Qi Jing.*
Lamento sinceramente todos estos errores.
Me disculpo desde el fondo de mi corazón con todas las almas a las que mis
*   ancestros y yo lastimamos o dañamos en estas maneras.*
Para ser perdonado, les serviré de manera incondicional.
Recitar y meditar es servir.
Voy a recitar y meditar lo más que pueda.

Voy a ofrecer un servicio incondicional lo más que pueda.
Perdono de manera incondicional a toda persona que me haya lastimado o
   dañado a mí o a mis ancestros en todas las vidas.
Estoy extremadamente agradecido.
Gracias.

El Poder de la Mente. Visualiza la luz dorada brillando en el área para la cual deseas recibir la sanación y el rejuvenecimiento y alrededor de esta área.

El Poder de la Respiración. Inhala y expande tu abdomen. Exhala y contrae tu abdomen. Asegúrate de inhalar y exhalar de manera suave, uniforme y natural. Recuerda que la duración de cada inhalación y exhalación depende de tu condición personal.

El Poder del Sonido. Mientras recitamos, combinamos el Poder del Sonido con el Poder de la Respiración y una visualización más refinada del Poder de la Mente. Mira el video con mi cántico, que ha sido creado para ti para esta práctica y todas las prácticas importantes en este libro.

Canal Qi

a. Inhala. Visualiza la luz dorada saliendo de tu nariz, proyectándose hacia abajo, hacia el centro de tu cuerpo mientras forma una bola, que será tu primera Casa del Alma.

b. Exhala. Recite «Hei Heng Hong Ah Xi Yi Weng You» (se pronuncia *jei jang jong ah shi yi wong you*). Al mismo tiempo, la bola dorada sigue el camino del Canal Qi, rotando hacia el canal central del punto de acupuntura Bai Hui y luego bajando a través del Wai Jiao, regresando hasta la primera Casa del Alma.

c. Repite los pasos anteriores cuatro veces.

Canal Jing

a. Inhala. Visualiza la luz dorada saliendo de tu nariz, proyectándose hacia abajo, hacia el centro de tu cuerpo mientras forma una bola, que será tu primera Casa del Alma.

b. Exhala. Recite «You Weng Yi Xi Ah Hong Heng Hei» (se pronuncia *you wong yi shi ah jong jang jei*). Al mismo tiempo, la bola dorada sigue el camino del Canal Jing, rotando desde la primera Casa del Alma, de regreso hasta el coxis y dentro de la columna vertebral; luego, fluye hacia la columna vertebral y a través del cerebro, alcanzando el punto de acupuntura Bai Hui. Luego, fluye hacia el canal central a través de las Casas del Alma sexta, quinta, cuarta, tercera y segunda, regresando a la primera Casa del Alma.

c. Repite los pasos anteriores cuatro veces.

Canal Shen

a. Inhala. La luz dorada saliendo de tu nariz, proyectándose hacia abajo, hacia el centro de tu cuerpo y se reúne como una bola en tu primera Casa del Alma.

b. Exhala. Recite «Weng Hei Hong You» (se pronuncia *wong jei jong you*). La bola dorada se ha subdividido en dos bolas doradas: una en el punto de acupuntura Bai Hui en la base de la séptima Casa del Alma y otra en el punto de acupuntura Hui Yin en la base de la primera Casa del Alma. Desde estos dos puntos, las bolas doradas siguen el camino del Canal Shen. Fluyen a través del canal central hacia abajo desde la séptima Casa del Alma y hacia arriba desde la primera Casa del Alma para unirse como una bola detrás del ombligo en la tercera Casa del Alma.

Desde allí, la bola dorada fluye directamente hacia el punto de acupuntura Ming Men, donde se divide en dos bolas, con una bola que sube a través de la médula espinal, regresa al punto de acupuntura Bai Hui, y la otra bola baja a través de la médula espinal, que vuelve al punto de acupuntura Hui Yin.

c. Repite los pasos anteriores cuatro veces.

Puedes recitar fuerte o silenciosamente. Lo mejor es que hagas los cánticos Yin y Yang cada vez que practiques.

El Poder de la Caligrafía del Tao. Traza *Da Ai*, el amor más grande, o *Da Kuan Shu*, el perdón más grande. (Ver «Cómo encontrar otras Caligrafías Tao con el fin de aplicar el poder de la Caligrafía del Tao» en la página 61.)

Cuando trazas, el trazado se convierte en tu Poder del Cuerpo. Puedes combinar el trazado con el Poder de la Mente, el Poder del Sonido y/o el Poder de la Respiración si así lo deseas o, simplemente, puedes centrarte en el trazado.

Cierra. Finaliza tu sesión de práctica diciendo lo siguiente:

Hao. Hao. Hao.
Gracias. Gracias. Gracias.

ಬಿ ಬಿ ಞ

Puedes practicar de cinco a diez minutos cada vez. Puedes practicar por treinta minutos, una hora o más tiempo. No hay límite de tiempo. Cuanto más tiempo practiques, más beneficios recibirás.

Practica. Practica. Practica.

Experimenta la transformación.

Aplica seis técnicas sagradas del Poder del Tao para sanar y transformar relaciones

L AS RELACIONES SON UN ASPECTO MUY importante para la humanidad. Millones de personas forjan buenas relaciones con otras personas. Millones de personas tienen relaciones con desafíos.

Hay muchos tipos diferentes de relaciones, incluidas las relaciones con un esposo, una esposa, hijos, padres, abuelos, nietos, jefes, colegas y amigos. Cada uno de nosotros es afectado profundamente por las relaciones entre varias organizaciones y las relaciones entre ciudades y países. Algunas otras relaciones personales extremadamente importantes son tus relaciones con tus maestros espirituales físicos y con tus padres y madres espirituales y otros guías espirituales en el Cielo.

A lo largo de la vida de una persona, podría haber luchas con muchos bloqueos en las relaciones. Algunas personas tienen dificultades con sus padres. Otras tienen dificultades con sus hijos. Algunas personas tienen dificultades con sus colegas o sus jefes. Las personas con frecuencia se preguntan por qué tienen estas luchas.

Es raro que exista una persona que nunca haya luchado con una relación en algún momento de su vida. Algunas personas luchan con relaciones durante todas sus vidas. Puede que algunas personas nunca puedan encontrar el amor verdadero y que vayan de divorcio o rompimientos tras otro. Algunos hijos son abusados por sus propios padres.

Algunos padres pueden ser abusados por sus hijos. A otras personas las pueden engañar sus socios corporativos. Los problemas en las relaciones humanas son muy comunes sobre la Madre Tierra.

¿Cuál es la causa raízal de los bloqueos en las relaciones? En palabras simples:

La causa raízal de los bloqueos en las relaciones es el «shen qi jing» negativo de esta vida y de todas las vidas pasadas.

Tienes el poder de eliminar los bloqueos del «shen qi jing» negativo desde las vidas pasadas y en esta vida en todas tus relaciones. El perdón es la clave. Perdonar y ser perdonado por los errores en las relaciones de vidas pasadas y en esta vida es sanar todas tus relaciones.

La sabiduría sagrada es que los bloqueos de las relaciones se acumulan principalmente dentro del Centro de Mensajes (chakra del corazón o cuarta Casa del Alma). Equilibrar las emociones en todo tipo de relaciones es sanar el «shen qi jing» negativo de los bloqueos de relación dentro del Centro de Mensajes transformándolos en «shen qi jing» positivo.

Ahora apliquemos seis técnicas sagradas del Poder del Tao para practicar Da Kuan Shu, el perdón más grande, para sanar y transformar las relaciones. Destaco el poder y la relevancia de Da Kuan Shu:

La segunda de las diez naturalezas Da del Tao es el perdón más grande.
Te perdono.
Me perdonas.
Amor, paz y armonía.

El Poder del Cuerpo. Coloca la palma de una mano sobre el Centro de Mensajes. Coloca la palma de la otra mano en la parte baja del abdomen, por debajo del ombligo.

El Poder del Alma. Dile *hola* a tu alma interna y al alma interna de la otra persona:

> *Querida alma corazón mente y cuerpo de mí mismo y de* (nombre de la[s] persona[s] con la[s] que necesitas una relación de sanación y transformación) *y querida alma corazón mente y cuerpo de mi relación(es) contigo:*

Los amo, los honro, los aprecio.

Por favor, perdonen a mis ancestros y a mí por todos los errores que hemos cometido en todas nuestras vidas que te hayan lastimado o herido o a tus ancestros de alguna manera.

Lamento sinceramente todos estos errores.

Te perdono a ti y a tus ancestros de manera total, completa e incondicionalmente por cualquier daño que pudieras haber causado a mis ancestros o a mí en todas las vidas.

Gracias.

Saluda diciendo *hola* a las almas externas:

Querida Fuente del Tao y Querido Divino:

Queridos budas y santos (menciona los santos en los que crees)*:*

Querido Cielo, querida Madre Tierra e innumerables planetas, estrellas, galaxias y universos:

Los amo, los honro, los aprecio.

Por favor, perdonen a mis ancestros y a mí por todos los errores o daños que hemos cometido en todas nuestras vidas en relación con los bloqueos del «shen qi jing» negativo en todos los tipos de relaciones.

Me disculpo desde el fondo de mi corazón contigo y con todas las almas a las que mis ancestros y yo lastimamos o dañamos en estas maneras.

Para ser perdonado, les serviré de manera incondicional.

Recitar y meditar es servir.

Voy a recitar y meditar lo más que pueda.

Voy a ofrecer un servicio incondicional lo más que pueda.

Perdono de manera incondicional a toda persona que me haya lastimado o dañado a mí o a mis ancestros en todas las vidas.

Estoy extremadamente agradecido.

Gracias.

El Poder de la Mente. Visualiza una luz dorada que te conecte a ti, tus ancestros y a las personas (o animales, organizaciones, ciudades, países, etc.) a quienes has pedido perdón.

El Poder de la Respiración. Inhala y expande tu abdomen. Exhala y contrae tu abdomen. Asegúrate de inhalar y exhalar de manera suave, uniforme y natural. Recuerda que la duración de cada inhalación y exhalación depende de tu condición personal. No fuerces nada. La manera de la naturaleza es la mejor.

El Poder del Sonido. Mientras recitamos, combinamos el Poder del Sonido con el Poder de la Respiración y una visualización más refinada del Poder de la Mente. Mira el video de esta práctica, que incluye mi cántico.

Paso 1

a. Inhala. Visualiza la luz dorada saliendo de tu nariz, proyectándose hacia abajo, hacia el centro de tu cuerpo, hasta la parte inferior de tu torso, donde se reúne como una bola en tu primera Casa del Alma.

b. Exhala. Recite «Kuan Shu» (se pronuncia *kwan shu*). Al mismo tiempo, visualiza la bola de luz dorada rotando desde la primera Casa del Alma hasta el Centro de Mensajes (chakra del corazón), donde rota, explota y libera una radiación en todas las direcciones.

c. Repite los pasos 1a y 1b para un total de siete veces.

Paso 2

a. Inhala. La luz dorada saliendo de tu nariz, proyectándose hacia abajo, hacia el centro de tu cuerpo y se reúne como una bola en tu primera Casa del Alma.

b. Exhala. Recite «Kuan Shu Kuan Shu Kuan Shu». Al mismo tiempo, visualiza la bola de luz dorada rotando desde la primera Casa del Alma hasta el Centro de Mensajes, donde continúa rotando, explotando y liberando una radiación en todas las direcciones.

c. Repite los pasos 2a y 2b para un total de cuatro veces.

Paso 3

a. Inhala. La bola de luz dorada se reúne en tu primera Casa del Alma.

b. Exhala. Recite:

Kuan Shu (se pronuncia *kwan shu*)
Kuan Shu Kuan Shu Kuan Shu
Kuan Shu Kuan Shu Kuan Shu
Kuan Shu Kuan Shu Kuan Shu
Kuan Shu Kuan Shu Kuan Shu Kuan Shu

Mientras recitas estas cinco líneas, inhala rápidamente después de cada línea y visualiza la bola de luz dorada que rota, de la siguiente manera:

Cuando recitas la línea 1, la bola de luz dorada rota desde la primera Casa del Alma hasta el Centro de Mensajes (cuarta Casa del Alma) y luego regresa mediante el Kun Gong y regresa de nuevo hasta la primera Casa del Alma.

Cuando recitas desde la línea 2 hasta la línea 5, la bola de luz dorada rota desde la primera Casa del Alma hasta el Centro de Mensajes (chakra del corazón o cuarta Casa del Alma) y luego hacia abajo mediante el Kun Gong de regreso hasta la primera Casa del Alma. Entonces, la bola dorada forma un círculo. Desde la primera Casa del Alma, entra en la médula espinal a través de un orificio invisible en frente del coxis, luego fluye por la médula espinal hacia el cerebro y alrededor de este hasta la séptima Casa del Alma, que está en la parte superior de la cabeza. A partir de allí, vuelve a descender dentro de tu cavidad nasal hasta el paladar, y luego baja a través de la quinta, cuarta, tercera y segunda Casa del Alma, de regreso a la primera Casa del Alma.

c. Repite los pasos 3a y 3b para un total de cuatro veces.

Puedes recitar fuerte o silenciosamente. Lo mejor es que hagas los cánticos Yin y Yang cada vez que practiques.

El Poder de la Caligrafía del Tao. Traza *Da Kuan Shu*, el perdón más grande. (Ver «Cómo encontrar otras Caligrafías Tao con el fin de aplicar el poder de la Caligrafía del Tao» en la página 61.)

Cuando trazas, el trazado se convierte en tu Poder del Cuerpo. Puedes combinar el trazado con el Poder de la Mente, el Poder del Sonido y/o el Poder de la Respiración si así lo deseas o, simplemente, puedes centrarte en el trazado.

Cierra. Finaliza tu sesión de práctica diciendo lo siguiente:

Hao. Hao. Hao.
Gracias. Gracias. Gracias.

ॐ ॐ ॐ

Así es cómo debemos aplicar las seis técnicas sagradas del Poder del Tao para sanar y transformar tus relaciones mediante Da Kuan Shu, el perdón más grande.

Puedes practicar de cinco a diez minutos. Puedes practicar durante media hora o una hora. No hay límite de tiempo. Cuanto más tiempo practiques, más beneficios podrías recibir.

Practica. Practica. Practica.

Experimenta la transformación.

Aplica seis técnicas sagradas del Poder del Tao para sanar y transformar las finanzas

PIENSA SOBRE LA SITUACIÓN económica en la Madre Tierra en este momento. Muchas personas en la Madre Tierra son muy ricas. Muchas más personas en la Madre Tierra son muy pobres.

Piensa en las personas que te rodean. Algunas personas son muy inteligentes. Podrías pensar que deberían ser muy exitosas en sus negocios, pero puede que ni siquiera lo sean. Algunas personas son muy simples. Puede que hasta parezca que no son inteligentes, pero son muy exitosas.

¿Por qué algunas personas tienen abundancia financiera? La causa raízal es el «shen qi jing» positivo. Dicha persona y sus ancestros acumularon gran virtud en sus vidas. En sus vidas, sirvieron muy bien a los demás. Por este buen servicio, ofrecido mediante el amor, el cuidado, la compasión, la sinceridad, la honestidad y más, recibieron virtud a cambio.

Esta buena virtud, que se registra en los Registros Akáshicos (ver nota al pie 19 en la página 91 para una explicación de los Registros Akáshicos), se ha transformado en dinero físico en la vida actual de la persona. Si esa persona sigue sirviendo bien, él o ella continuará teniendo abundancia financiera en sus vidas futuras. Sus descendientes florecerán también.

¿Por qué otras personas luchan con sus condiciones financieras de pobreza? La causa de raíz es el «shen qi jing» negativo. Dicha persona y sus ancestros cometieron errores significativos en sus vidas. Entre estos errores, se incluyen los asesinatos, engañar a los demás, robar, aprovecharse de los demás y mucho más.

Por lo tanto, con el fin de transformar las finanzas, la clave es remover los bloqueos del «shen qi jing» negativo, creados y portados por ti y tus ancestros.

Quisiera compartir la sabiduría sagrada y la práctica para transformar tus finanzas. Un centro financiero dentro del cuerpo es el Dan Tian Inferior. (Consulta la nota a pie 18 en la página 91 para una explicación del Dan Tian Inferior y consulta la figura 15 en la página 92 para su ubicación).

Podemos sanar y transformar el «shen qi jing» negativo en el Dan Tian Inferior en «shen qi jing» positivo al aplicar las seis técnicas sagradas del Poder del Tao.

Practiquemos Da Chang Sheng, el florecimiento más grande, para sanar y transformar las finanzas. Destaco el poder y la relevancia de Da Chang Sheng.

La séptima de las diez naturalezas Da del Tao es el florecimiento más grande.
La Fuente del Tao otorga una gran prosperidad, suerte y éxitos.
Ofrecer el tipo de servicio que nos permite acumular virtud.
La carrera del Tao florece.

El Poder del Cuerpo. Coloca tus manos en la Posición de Manos con Palmas Yin Yang (figura 16) en la parte más baja del abdomen, por debajo del ombligo, sobre el Dan Tian Inferior.

El Poder del Alma. Saluda diciendo *hola* a las almas internas:

Querida alma corazón mente y cuerpo de mis finanzas:
Los amo, los honro, los aprecio.
Por favor, perdonen a mis ancestros y a mí por todos los errores que hemos cometido en todas nuestras vidas que hayan lastimado o herido a cualquier persona o cualquier cosa financieramente o en los negocios de alguna manera.
Me disculpo profundamente por todos estos errores.
También tienen el poder de sanarse y transformarse a sí mismos.
Por favor sanen y transformen (haz una solicitud personal para tus finanzas o negocios).

Hagan un buen trabajo.
Gracias.

Saluda diciendo *hola* a las almas externas:

Querida Fuente del Tao y Querido Divino:
Queridos budas y santos (menciona los santos en los que crees)*:*
Querido Cielo, querida Madre Tierra e innumerables planetas, estrellas,
   galaxias y universos:
Los amo, los honro, los aprecio.
Por favor, perdonen a mis ancestros y a mí por todos los errores o daños que
   hemos cometido en todas nuestras vidas en relación con los bloqueos del
   «shen qi jing» negativo en las finanzas o en los negocios.
Lamento sinceramente todos estos errores.
Me disculpo desde el fondo de mi corazón contigo y con todas las almas a las
   que mis ancestros y yo lastimamos o dañamos en estas maneras.
Para ser perdonado, les serviré de manera incondicional.
Recitar y meditar es servir.
Voy a recitar y meditar lo más que pueda.
Voy a ofrecer un servicio incondicional lo más que pueda.
Perdono de manera incondicional a toda persona que haya dañado mis
   finanzas o negocios o los de mis ancestros en todas las vidas.
Estoy extremadamente agradecido.
Gracias.

El Poder de la Mente. Visualiza la luz dorada que brilla desde la solicitud que hiciste y alrededor de esta para la transformación de tus finanzas.

El Poder de la Respiración. Inhala y expande tu abdomen. Exhala y contrae tu abdomen. Asegúrate de inhalar y exhalar de manera suave, uniforme y natural. Recuerda que la duración de cada inhalación y exhalación depende de tu condición personal. Sigue el camino de la naturaleza.

El Poder del Sonido. Mientras recitamos, combinamos el Poder del Sonido con el Poder de la Respiración y una visualización más refinada del Poder de la Mente. Mira el video de esta práctica, que incluye mi cántico.

Paso 1

a. Inhala. Visualiza la luz dorada saliendo de tu nariz, proyectándose hacia abajo, hacia el centro de tu cuerpo, hasta la parte inferior de tu torso, donde se reúne como una bola en tu primera Casa del Alma.

b. Exhala. Recite «Chang Sheng» (se pronuncia *chang shung*). Al mismo tiempo, visualiza la bola de luz dorada rotando desde la primera Casa del Alma hasta el Dan Tian Inferior, donde explota y libera una radiación en todas las direcciones.

c. Repite los pasos 1a y 1b para un total de siete veces.

Paso 2

a. Inhala. La luz dorada saliendo de tu nariz, proyectándose hacia abajo, hacia el centro de tu cuerpo y se reúne como una bola en tu primera Casa del Alma.

b. Exhala. Recite «Chang Sheng Chang Sheng Chang Sheng». Al mismo tiempo, visualiza la bola de luz dorada rotando desde la primera Casa del Alma hasta el Dan Tian Inferior, donde continúa rotando, explotando y liberando una radiación en todas las direcciones.

c. Repite los pasos 2a y 2b para un total de cuatro veces.

Paso 3

a. Inhala. La bola de luz dorada se reúne en tu primera Casa del Alma.

b. Exhala. Recite:

Chang Sheng (se pronuncia *chang shung*)
Chang Sheng Chang Sheng Chang Sheng
Chang Sheng Chang Sheng Chang Sheng
Chang Sheng Chang Sheng Chang Sheng
Chang Sheng Chang Sheng Chang Sheng Chang Sheng

Mientras recitas estas cinco líneas, inhala rápidamente después de cada línea y visualiza la bola de luz dorada que rota, de la siguiente manera:

Cuando recitas la línea 1, la bola de luz dorada rota desde la primera Casa del Alma hasta el Dan Tian Inferior, hacia arriba hasta el Kun Gong y luego regresa de nuevo hasta la primera Casa del Alma.

Cuando recitas desde la línea 2 hasta la línea 5, la bola de luz dorada rota desde la primera Casa del Alma hasta el Dan Tian Inferior, hacia arriba hasta el Kun Gong y luego regresa de nuevo hasta la primera Casa del Alma. Entonces, la bola dorada forma un círculo. Desde la primera Casa del Alma, entra en la médula espinal a través de un orificio invisible en frente del coxis, luego fluye por la médula espinal hacia el cerebro y alrededor de este hasta la séptima Casa del Alma, que está en la parte superior de la cabeza. A partir de allí, vuelve a descender dentro de tu cavidad nasal hasta el paladar, y luego baja a través de la quinta, cuarta, tercera y segunda Casa del Alma, de regreso a la primera Casa del Alma.

c. Repite los pasos 3a y 3b para un total de cuatro veces.

Puedes recitar fuerte o silenciosamente. Lo mejor es que hagas los cánticos Yin y Yang cada vez que practiques.

El Poder de la Caligrafía del Tao. Traza *Da Ai*, el amor más grande, o *Da Kuan Shu*, el perdón más grande. (Ver «Cómo encontrar otras Caligrafías Tao con el fin de aplicar el poder de la Caligrafía del Tao» en la página 61.)

Cuando trazas, el trazado se convierte en tu Poder del Cuerpo. Puedes combinar el trazado con el Poder de la Mente, el Poder del Sonido y/o el Poder de la Respiración si así lo deseas o, simplemente, puedes centrarte en el trazado.

Cierra. Finaliza tu sesión de práctica diciendo lo siguiente:

Hao. Hao. Hao.
Gracias. Gracias. Gracias.

৪০ ৪০ ঞ

Así es cómo debemos aplicar las seis técnicas sagradas del Poder del Tao para sanar y transformar tus finanzas mediante Da Chang Sheng, el florecimiento más grande. Puedes practicar de cinco a diez minutos. Puedes practicar durante media hora o una hora. No hay límite de tiempo. Cuanto más tiempo practiques, más beneficios podrías recibir.

Da Chang Sheng es la séptima naturaleza Da del Tao. Puedes aplicar cualquiera de las otras nueve de las diez cualidades Da de la misma manera para transformar tus finanzas.

Practica. Practica. Practica.

Experimenta la transformación.

Conclusión

TODOS Y TODO EN innumerables planetas, estrellas, galaxias y universos, incluso los seres humanos, están hechos de «shen qi jing». El Shen incluye el alma, el corazón y la mente. En la ciencia cuántica y en la Ciencia Tao, el alma es la información o mensaje. El corazón espiritual es el receptor del mensaje. La mente es el procesador del mensaje. Qi, energía, es el originador del mensaje. Jing, la materia, es el transformador del mensaje.

El «shen qi jing» forma un sistema de información o mensaje para un ser. El alma lidera el corazón. El corazón lidera la mente. La mente mueve la energía. La energía mueve la materia.

¿Por qué una persona tiene buena salud, buenas relaciones y buenas finanzas? Se debe al «shen qi jing» positivo.

¿Por qué una persona tiene desafíos en cuanto a salud, relaciones o finanzas así también como otros tipos de desafíos en la vida? Se debe al «shen qi jing» negativo.

Este libro comparte seis técnicas sagradas del Poder del Tao: El Poder del Cuerpo, el Poder del Sonido, el Poder de la Mente, el Poder del Alma, el Poder de la Respiración y el Poder de la Caligrafía del Tao. Estas técnicas se conectan con el Cielo, la Madre Tierra e innumerables planetas, estrellas, galaxias y universos, así como con los santos de todos los reinos, para brindarles «shen qi jing» positiva de la Fuente del Tao, el Cielo y la Madre Tierra para empoderarlos y que, así, transformen su «shen qi jing» negativo en salud, relaciones, finanzas y todos los aspectos de la vida.

Hay una sabiduría antigua importante: *da Dao zhi jian* 大道至簡. «Da» significa *lo más grande*. «Dao» significa *Fuente del Tao*. «Zhi» significa *extremadamente*. «Jian» significa *simple*. «Da Dao zhi jian» significa *el Tao más grande es extremadamente simple.*

Cada práctica en este libro, ya sea para sanar tus cinco elementos, para sanar tus cuerpos mentales y espirituales, para sanar tus Casas del Alma y Wai Jiao, para sanar tus canales Shen Qi Jing, para sanar tus relaciones o para sanar tus finanzas, es muy simple. Podría ser difícil de creer para algunas personas. Practica al tiempo con mi cántico en los videos, que he creado para ti. Quiero que sepan que hemos recopilado buenos resultados de investigación en los que las personas han recibido una notable sanación y transformación a partir de técnicas y prácticas similares. Tenemos cientos de resultados conmovedores que las personas han logrado al practicar estas técnicas. He reunido algunos de estos casos basados en los estudios de nuestra investigación en un anexo que sigue a continuación.

En la sabiduría antigua: *Si quieres saber si una pera es dulce, pruébala.* La sabiduría actual expresa que *Si quieres saber si algo funciona, experiméntalo.*

He compartido con la humanidad repetidamente durante los últimos siete años que conectarse con el campo de sanación de la Caligrafía del Tao utilizando técnicas sagradas del Tao es la forma más sencilla de sanar y transformar. Siempre digo esto:

Experimenta la transformación.

Deseo que cada lector practique estas técnicas para transformar la salud, las relaciones y las finanzas y elevar tu viaje espiritual.

Practica. Practica. Practica.

Experimenta la transformación.

Amo mi corazón y alma
Amo a toda la humanidad
Unamos los corazones y almas
Amor, paz y armonía
Amor, paz y armonía

Anexo

Estudios de caso para la investigación del campo de sanación de la Caligrafía del Tao

por Peter Hudoba, doctor en medicina, FRCS

L A INVESTIGACIÓN SOBRE los efectos de la práctica del campo de sanación de la Caligrafía del Tao y las transmisiones del Campo de Luz de la Caligrafía del Tao ha estado en curso en varios estudios diferentes durante los últimos años. Quisiera compartir algunos resultados intermedios representativos de un reciente estudio en curso patrocinado por Sha Research Foundation, con sede en San Francisco, California, del cual soy el director de investigación.

El estudio fue diseñado como un estudio de seguimiento prospectivo centrado en la meditación del movimiento de la Caligrafía del Tao, que has aprendido de este libro y es el Poder de la Caligrafía del Tao a través del trazado Dan (parte inferior del abdomen), con cántico de mantra (Poder del Sonido). La Junta de Revisión Institucional (IRB) en Aurora, Ontario, Canadá, aprobó el estudio en 2017, y el estudio comenzó en enero de 2018.

Los sujetos del estudio provenían de Estados Unidos y Canadá. Padecían varias condiciones físicas o emocionales diagnosticadas médicamente. Todos los sujetos recibieron una bendición de sanación personal y una o más transmisiones del Campo de Luz de la Caligrafía del Tao del Dr. y Maestro Zhi Gang Sha. Se les indicó que practicaran diariamente durante una o dos horas usando el Poder del Sonido y el Poder de la Caligrafía del Tao, y también incorporando el Poder del Sonido, el Poder del Cuerpo y el Poder de la Mente. Además, se ofrecieron sesiones de práctica en grupo de treinta minutos a cargo de instructores entrenados, dos veces a la semana. La participación fue fuertemente alentada, pero voluntaria.

Las instrucciones de autopráctica fueron las siguientes:

- **El Poder del Cuerpo.** Permanecer parado o sentarse cómodamente.
- **El Poder de la Mente.** Visualiza la luz dorada dentro y alrededor del área de la dolencia o, si se trata de condiciones emocionales, el órgano relacionado.
- **El Poder del Sonido.** Recita los mantras apropiados.
- **El Poder del Alma.** Di hola para pedir la luz y el amor para alcanzar la sanación de las almas internas y las almas externas.
- **El Poder de la Caligrafía del Tao.** Permanece parado y practica el trazado Dan cuanto más sea posible. De lo contrario, siéntate y traza con cinco dedos.

Se alentó a los sujetos a continuar cualquier tratamiento en el que estuvieran involucrados con profesionales de la salud convencionales o complementarios/alternativos. No se brindó diagnóstico médico ni consejos a los sujetos.

La mayoría de los resultados compartidos en este Anexo son del primer trimestre de 2019, esencialmente un seguimiento provisional después de un año. Para algunos sujetos está disponible información más reciente como se indica en los detalles. El estudio continúa y culminará en el 2020.

Caso 1

- Mujer en estado de discapacidad por endometriosis en etapa cuatro diagnosticada en marzo de 2011 con adherencias pélvicas extensas.
- Sufrió un dolor tremendo en el abdomen durante muchos años, con menstruaciones muy pesadas. No podía vivir bien. Se deprimió, se volvió ansiosa y tenía ganas de suicidarse.
- Incapaz de evacuar debido a las adherencias sigmoideas de la endometriosis; se había estado haciendo un enema casi todos los días.
- Tratamiento con Lupron, terapia de reemplazo hormonal y anticonceptivos.
- Una resonancia magnética en febrero de 2014 reveló quistes ováricos grandes, adenomiosis uterina y adherencias que constriñen el colon.
- Ella planificó hacerse una histerectomía y quitarse los ovarios.

- En abril de 2014 recibió una bendición curativa del Dr. y Maestro Sha por su endometriosis. Casi inmediatamente después de la bendición de sanación, experimentó una paz total, y desaparecieron sus pensamientos suicidas. Además, se redujo su nivel de dolor al noventa por ciento (su evaluación personal). El nivel de dolor subió luego a cierto grado, pero nunca a los niveles anteriores.
- En julio de 2014, tuvo una consulta de seguimiento con un cirujano, quien dijo que, según las últimas pruebas, no era necesaria una histerectomía ni la extirpación de los ovarios.
- Además, debido a algunas reacciones adversas previas a sus medicamentos (Lupron, terapia de reemplazo hormonal, anticonceptivos), el cirujano no recomendó ningún medicamento y se realizarían más pruebas solo si reaparecía algún síntoma.
- Ella comenzó a trabajar con un nutricionista y a usar una crema de progesterona para ayudar con los síntomas restantes de la endometriosis.
- Ha practicado el trazado de la carta de la Caligrafía del Tao "Da Ai" todos los días tanto como pudo y a menudo practicó junto con videos del Dr. y Maestro Sha en el campo de sanación de la Caligrafía del Tao.
- En enero de 2018, recibió otra bendición de sanación del Dr. y Maestro Sha. Sus síntomas seguían mejorando de manera notoria.
- Recibió numerosas transmisiones del Campo de Luz de la Caligrafía del Tao a lo largo de 2019.
- Sus menstruaciones se han vuelto menos pesadas, y el dolor asociado con las menstruaciones se ha ido.
- Comenzó a perder el peso que tenía de más.
- Su estreñimiento (debido a la constricción en sigmoide) que requería un enema diario ha mejorado en un ochenta por ciento.
- Ya no siente más el dolor agudo en el colon que experimentaba antes durante todos sus períodos menstruales.
- Poco a poco, el dolor en las rodillas y la parte baja de la espalda ha mejorado y la inflamación significativa en los tobillos se ha resuelto por completo.
- En 2019, después de años de discapacidad, regresó a trabajar como asistente de oficina a tiempo parcial para la junta escolar y luego aceptó un trabajo a tiempo completo en otra oficina, con un trayecto diario de dos horas entre la casa y el trabajo.

- También pudo viajar al extranjero por primera vez en años.
- El análisis de sangre en enero de 2019 mostró que casi todos los valores estaban dentro del rango normal.
- Las radiografías en diciembre de 2018 encontraron solo «evidencia mínima de osteoartritis».
- En un ultra sonido realizado en diciembre de 2018 se advirtió lo siguiente:
  - Adenomiosis y fibromas uterinos estables desde 2014
  - La endometriosis ovárica bilateral disminuyó desde 2014

Caso 2

- Mujer diagnosticada en 2007 con leucemia linfocítica crónica y anemia hemolítica autoinmune.
- Recibió las primeras bendiciones de sanación personal del Dr. y Maestro Sha en 2013.
- Inmediatamente después, en 2013, comenzó prácticas esporádicas de meditación y qi gong. Su condición era estable, sin deterioros.
- En abril de 2015 se puso muy débil después de caminar cinco cuadras hasta un banco, por lo que continuó caminando hasta la sala de emergencias del hospital más cercano por falta de aire.
- Fue ingresada de inmediato a cuidados intensivos, con 22 g/ L de hemoglobina y 1070 de leucocitos.
- Una tomografía computarizada mostró un bazo agrandado, ganglios linfáticos agrandados y un tumor en el hígado.
- En urgencias, fue tratada durante una semana con quimioterapia, prednisona y transfusiones. Después del alta, tomó solo prednisona durante cinco meses.
- Cuando se fue de la UCI en mayo de 2015, comenzó a recibir la sanación a distancia de la Caligrafía del Tao diariamente durante tres meses.
- Comenzó a practicar diariamente con Caligrafía del Tao, así como a practicar otras meditaciones y qi gong a diario.
- En septiembre de 2015 (cinco meses después de la admisión a la UCI), volvió a consultar a un especialista. Su cifra de leucocitos había bajado de 1070 a 99.
- Dejó de tomar prednisona y de recibir transfusiones (para la anemia).

- En mayo de 2016, fue evaluada por un especialista de nuevo. El recuento de leucocitos era 103 y la HB estaba en 117 g/L. Hay que advertir que ella alcanzó estos resultados mejorados sin quimioterapia ni transfusiones.

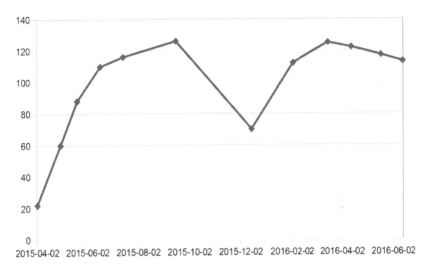

Recuento de glóbulos rojos

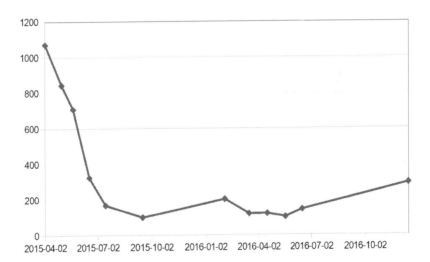

Recuento de glóbulos blancos

- En marzo de 2017 (casi dos años después de la admisión a la UCI), ella mantiene una buena salud, es positiva y está en paz con su enfermedad, se siente equilibrada emocionalmente, siente buena energía y resistencia y puede realizar todas las actividades normales de la vida diaria.
- Está planeando comenzar un emprendimiento.

Caso 3

- Mujer. Cuando tenía cinco años, su mamá casi murió. La paciente desarrolló ansiedad social intensa, dolor físico (espasmos nerviosos en los intestinos), ira intensa y sentimientos de desconexión y desapego. Estos sentimientos empeoraron cuando su papá comenzó a beber en exceso.
- De adulta, sufría de terrores nocturnos todos los días, se despertaba completamente sacudida y aterrorizada con el corazón acelerado, la respiración agitada y completamente empapada de sudor frío.
- También sufría de pesar generalizado desde su trauma de la niñez.
- Ha estado haciendo prácticas fundamentales diariamente con perdón, cántico y el Poder de la Caligrafía del Tao juntos durante aproximadamente una hora y media.
- En enero de 2018 recibió las bendiciones del campo de sanación de la Caligrafía del Tao y las transmisiones permanentes del campo de luz del Dr. y Maestro Sha. A la siguiente noche, pudo dormir toda la noche sin pesadillas nocturnas. Dijo que su descanso fue verdaderamente en paz.
- Desde entonces, ha recibido varias transmisiones adicionales del Campo de Luz de la Caligrafía del Tao para su condición.
- Desde noviembre de 2019, ha podido dormir sin preocupaciones ni tiene pesadillas. Se despierta fresca y descansada.
- Los síntomas de miedo/terror, latidos cardíacos, sudoración y despertar de pesadillas se han resuelto por completo.
- Ya no tiene miedo, aprensión ni resistencia a irse a dormir.
- Siente gozo y felicidad, lo que considera increíble.

Caso 4

- Esta mujer de 78 años sufre un trastorno genético: colon abundante.

- Su intestino grueso se enrolla alrededor de sí mismo en los cuadrantes derecho e izquierdo con obstrucción intestinal parcial.
- Sufrió estreñimiento leve a lo largo de toda su vida.
- En 2015 contrajo disentería amebiana en un país extranjero.
- Desde entonces, ha experimentado fuertes dolores abdominales, pérdida de peso significativa, estreñimiento mayor e hinchazón abdominal.
- Los medicamentos incluyen hiosciamina y linaclotida.
- Se inscribió en el estudio y recibió las bendiciones curativas iniciales y las transmisiones del Campo de Luz de la Caligrafía del Tao en enero de 2018.
- Recibió más transmisiones del campo de luz y bendiciones curativas en septiembre de 2019 para varios órganos, sistemas de órganos y centros energéticos.
- Practica alrededor de dos horas al día.
- El estreñimiento desapareció por primera vez en su vida.
- La obstrucción intestinal parcial ha desaparecido por completo.
- La sensación de hinchazón abdominal se ha aliviado en más del noventa por ciento.
- El dolor se ha reducido considerablemente.
- Se siente más en paz, agradecida y tolerante.
- Es capaz de cuidar su propiedad, alquileres y jardín por completo, e incluso ayuda a sus inquilinos mayores y a su hermana discapacitada.

Caso 5

- En 2013, esta mujer de treinta y cinco años sufría dolores de cabeza que empeoraban progresivamente y comenzó a perder la audición en su oído derecho.
- El examen no reveló ningún déficit neurológico además de la pérdida auditiva.
- En 2013 fue diagnosticada de una resonancia magnética con schwannoma vestibular de 20 x 21 mm.
- En 2014, el tumor creció hasta 27 mm y se sometió a una cirugía para extirparlo.
- El cirujano dejó un residuo de 5 mm en el nervio facial para preservar el nervio.

- Una resonancia magnética en 2017 mostró que este residuo creció a 10 mm.
- Le ofrecieron un procedimiento radioquirúrgico con bisturí gamma, pero ella decidió no proceder.
- Los medicamentos incluyen analgésicos y dexametasona.
- Vio a varios sanadores de energía.
- Después de conocer al Dr. y Maestro Sha, comenzó a practicar con Caligrafía del Tao, perdón y cántico, de treinta minutos a seis horas al día.
- En septiembre de 2019 tuvo una consulta personal con el Dr. y Maestro Sha y recibió la eliminación de algunos bloqueos negativos del «shen qi jing».
- También recibió dos transmisiones permanentes del campo de luz para su condición, así como transmisiones del campo de luz para cerebro, corazón, hígado, riñones, nervios del oído, sistema nervioso central, sistema inmune, sistema endocrino, sistema digestivo y sistema linfático.
- Esperando los resultados de la resonancia magnética de octubre de 2019.
- Se siente más sensible y siente energías y vibraciones más fuertes en el cuerpo.
- Se siente realmente iluminada; se ha relajado la tensión que sentía en la cabeza.

Caso 6

- Esta mujer de sesenta y seis años ha sufrido estallidos de ira, náuseas y vómitos todas las mañanas, rigidez en la rodilla izquierda, cataratas durante trece años y dolor por un desgarro del ligamento derecho del bíceps durante tres años.
- Al ingresar al estudio en enero de 2018, recibió bendiciones curativas y una transmisión de luz para curar la ira.
- Practica con el Poder de la Caligrafía del Tao y el Poder del Sonido (cántico).
- En julio de 2019, reportó:
  - Las cataratas mejoraron durante seis meses después de las bendiciones curativas, pero más recientemente empeoraron.

- El malestar causado por el desgarro del ligamento del bíceps se ha reducido.
- Los estallidos de ira han mejorado entre un veinte y un treinta por ciento en frecuencia y gravedad.
- Desaparecieron por completo las náuseas y los vómitos matutinos.

Caso 7

- Mujer de 55 años.
- Diagnosticada en 2017 con agotamiento por estrés excesivo (largas horas de trabajo y atención exigente para los miembros de la familia).
- Padecía de mala memoria y dificultad para concentrarse.
- En situaciones estresantes, tartamudeaba y ya no podía hablar normalmente.
- Desarrolló insomnio.
- Tardaba más tiempo en llevar a cabo muchas tareas y actividades normales.
- Desarrolló presión arterial alta en ocasiones estresantes y se mareaba.
- Le prescribieron candecor en comprimidos y escitalopram (para la depresión) y lercanidipino (para la presión arterial alta).
- La despidieron del trabajo en 2017.
- Las prácticas diarias incluyen el trazado y el cántico de la Caligrafía del Tao; también asiste a sesiones de práctica grupal de curación de la Caligrafía del Tao.
- Recibió bendiciones curativas y transmisiones permanentes del campo de luz al inscribirse en el estudio en enero de 2018.
- Su habilidad de concentrarse ha mejorado.
- La tartamudez mejoró significativamente; ahora habla normalmente.
- Un año después (principios de 2019), sus síntomas depresivos mejoraron hasta el punto en que pudo suspender sus medicamentos para la depresión.
- Un año y medio después (a fines de la primavera de 2019), dejó de tomar sus medicamentos para la presión arterial alta.
- Todavía está en licencia laboral por enfermedad, con diagnóstico de agotamiento.

Caso 8

- Esta mujer de cincuenta y siete años ha sufrido agorafobia con ataques de pánico durante cuarenta y tres años, desde que tenía catorce años.
- La agorafobia es ansiedad en situaciones en las que la persona percibe que su entorno es inseguro y no hay una forma fácil de escapar. Estos entornos pueden incluir espacios abiertos, transporte público, centros comerciales o simplemente estar fuera de su hogar.
- Su dolor emocional generalmente ha estado en el nivel ocho en una escala de cero (sin dolor) a diez (el dolor más alto e insoportable).
- La ansiedad afecta su capacidad de funcionar y es más fuerte con otras personas cuando está afuera. Por ejemplo, no puede conducir un coche.
- Ha consultado a naturópatas, psicólogos, herbolarios, acupunturistas, terapeutas cognitivos conductuales y otros sanadores y ha tomado suplementos vitamínicos, en una búsqueda infructuosa de encontrar una solución.
- Después de unirse al estudio y, posteriormente, ha recibido varias eliminaciones de bloqueos negativos del «shen qi jing» y numerosas transmisiones del Campo de Luz de la Caligrafía del Tao.
- Ha realizado sus prácticas de autosanación, incluido el perdón, el trazado de la Caligrafía del Tao y el cántico, durante una hora y media diaria.
- Desde noviembre de 2019:
- Se siente mejor en todos los aspectos.
- Le resulta más fácil estar entre y con personas, con poca o ninguna ansiedad.
- Está más estable emocionalmente, en particular se enoja menos.
- Ahora es capaz de relajarse.
- Es más consciente de su comportamiento y está tratando de mejorar de manera consciente.

Caso 9

- Esta mujer de setenta años ha sufrido artritis con inflamación en todo su cuerpo. Sus problemas musculoesqueléticos involucran el cuello, la columna vertebral, los hombros, las caderas, las rodillas, las manos y todas las articulaciones.

- La artritis comenzó hace cuarenta y cinco años en sus rodillas.
- Sus muñecas se inflaman dolorosamente. La inflamación y el dolor eran a veces tan intensos que no podía cuidarse a sí misma, caminar normalmente o cargar o sostener incluso los objetos más livianos.
- Cuando todo su cuerpo estaba inflamado, no podía salir de su casa.
- El dolor de cadera surgió porque sus caderas se desalinearon por la inflamación. A su vez, sus músculos se tensaron tratando de compensar los desequilibrios en su postura y zancada, lo que resultó en un dolor muscular crónico y, a veces, espástico.
- Los medicamentos incluyen antiinflamatorios y 200 mg de Plaquenil diariamente.
- También ha buscado alivio en la medicina tradicional china, la herbología, la acupuntura y los tés de hierbas.
- Desde que le presentaron el sistema de sanación del alma del Dr. y Maestro Sha en 2010, ha recibido eliminaciones de bloqueos negativos de «shen qi jing» y varias transmisiones del campo de luz.
- En abril de 2010 recibió una bendición curativa del Dr. y Maestro Sha para sus rodillas hinchadas. La hinchazón desapareció casi instantáneamente y no ha regresado.
- Practica el perdón, el trazado de la Caligrafía del Tao y el cántico.
- En diciembre de 2018, su reumatólogo estaba tan satisfecho con su mejora que redujo la dosis de Plaquenil de 200 mg. a 100 mg. diarios.
- Una radiografía reciente (enero de 2020) arrojó cambios degenerativos de las manos y los pies. No hubo evidencia radiográfica de una artropatía inflamatoria.
- Ahora puede moverse completamente, incluso usando sus manos completamente y girando su cuello, que a veces antes se sentía fusionado.
- Ahora está libre de dolor muscular y de dolor en la cadera y ya no necesita un bastón para caminar.

Caso 10

- Este hombre de cincuenta años fue diagnosticado en 1984 con «síndrome de ganglios linfáticos en homosexuales» y presunta aparición aguda de infección por VIH.
- En 1986, se confirmó que era VIH positivo.

- A principios de la década de 1990, recibió un diagnóstico de SIDA, basado en un recuento decreciente de células T por debajo de 200.
- En 1990, comenzó monoterapia.
- En 1996 fue hospitalizado con neumonía relacionada con el SIDA y un recuento de células T de 7.
- En 1997, comenzó una terapia antirretroviral combinada.
- Después de 1997, su recuento de células T subió lentamente al rango medio de 500, y su salud se estabilizó.
- En 2006 conoció al Dr. y Maestro Sha y comenzó a usar el Poder del Sonido y a recibir bendiciones del campo de sanación.
- Continuó con la terapia antirretroviral combinada, pero también recibió numerosas transmisiones del campo de luz.
- Practica meditaciones de autosanación y trazado de la Caligrafía del Tao diariamente.
- En 2013, su recuento de células T volvió al rango completamente normal (por encima de 700), donde se ha mantenido.
- Disfruta una salud estable continua y lleva una vida completamente activa, incluido el trabajo de tiempo completo.

ॐ ॐ ॐ

Las conclusiones generales de todo este estudio de investigación, del cual hemos proporcionado los casos anteriores de muestra, se pueden resumir de la siguiente manera:

- La meditación con el trazado de la Caligrafía del Tao e incluido el Poder del Cuerpo, el Poder del Alma, el Poder de la Mente y el Poder del Sonido fue fácil de aprender y bien tolerada; no surgieron complicaciones.
- Los resultados de este estudio confirmaron la eficacia de combinar transmisiones del campo de luz de información y energías positivas y el trazado de la Caligrafía del Tao con tratamiento médico convencional.

Acerca del autor

EL DR. Y MAESTRO ZHI Gang Sha es un sanador reconocido en todo el mundo, líder transformacional, gran maestro del Tao, filántropo, humanitario mundial y creador de los campos de sanación de la Caligrafía del Tao y miles de sanadores y maestros. Es el fundador y autor de libros sobre Soul Mind Body Medicine™, un sistema completo de sanación del alma y la Ciencia Tao, que es la ciencia de la creación y la gran unificación. El Dr. y Maestro Sha ha escrito veintiséis libros en inglés, entre los que se incluye once libros más vendidos en el *New York Times*, una colección Poder del Alma y una colección Corazón y Alma.

Médico practicante en China y doctor en medicina tradicional china en China y Canadá, el Dr. y Maestro Sha es el fundador de Tao Academy™ y Love Peace Harmony Foundation™, y se dedica a ayudar a familias a nivel mundial a crear vidas más felices y saludables. Gran maestro de muchas disciplinas antiguas, como el tai chi, el qi gong, el kung fu, el *I Ching* y el feng shui, el Dr. y Maestro Sha fue nombrado Maestro de Qigong del Año en el Quinto Congreso Mundial sobre Qigong.

En 2006, el Dr. y Maestro Sha fue honrado con el prestigioso premio Martin Luther King, Jr. Premio de la Comisión Conmemorativa por sus esfuerzos humanitarios. En 2016 recibió nombramientos inusuales y prestigiosos como Shu Fa Jia (書法家 Maestro Nacional de la Caligrafía China) y Yan Jiu Yuan (研究員 Docente Investigador Honorario), los títulos más altos que un calígrafo chino puede obtener, por parte de la Academia Étnica Estatal de Pintura de China.

Made in the USA
Columbia, SC
04 November 2020